# Convergência "infinita" de mídias:
## um manual teórico para não jogar o seu conteúdo jornalístico no lixo.

**Emerson Campos Gonçalves**

**www.emersoncampos.com.br**

EDITORA

**Revisão, Ilustração, Diagramação e Capa**
Emerson Campos Gonçalves
**Editor da obra**
Yuri Miguel Macedo
**Secretária Executiva**
Monnique Greice Malta Cardoso



---

Convergência "infinita" de mídias: um manual teórico para não jogar o seu conteúdo jornalístico no lixo. 1.ed. / Emerson Campos Gonçalves – Porto Seguro: Editora Oyá, 2020, 142 p.

*ISBN: 978-65-990158-5-4*

1. Comunicação. 2. Jornalismo. 3. Mídias Sociais
I. TITULO. II. Gonçalves, Emerson Campos.

---

*A internet, que deveria ser um espaço civil, se transformou em um espaço militarizado. Mas ela é um espaço nosso, porque todos nós a utilizamos para nos comunicar uns com os outros, com nossa família, com o núcleo mais íntimo de nossa vida privada. Então, na prática, nossa vida privada entrou em uma zona militarizada. É como ter um soldado embaixo da cama (ASSANGE et al., 2013, p. 53).*

# Sumário_

## Capítulo II_
## ...notas teóricas para compreender – e construir – uma linguagem convergente ...................................................... 65

**Capítulo III_**
**...modelo metodológico para a convergência infinita .... 114**

# Prefácio_

I.

Presente na mentalidade e nos projetos empresariais dos grandes grupos brasileiros de comunicação, o processo de convergência de mídias ainda é visto de maneira muito simplificada, sobretudo nas redações de jornalismo, sendo resumido, na maioria das vezes, a uma mera sinergia nas relações de trabalho e de produção do conteúdo. Entre outros fatores, pode-se dizer que tal simplificação acontece por causa do caráter multifacetado do processo, que pode ser associado tanto às transformações tecnológicas, quanto mercadológicas ou de linguagem. Alguns dos principais estudiosos desse tema são os pesquisadores Henry Jenkins, do *Massachusetts Institute of Technology* (MIT), que opta por observar a convergência predominantemente como um processo cultural, e Ramón Salaverría, da *Universidad de Navarra*, que tenta esgotar a análise de todas as vertentes do processo através de sucessivos estudos de caso nas redações jornalísticas, dedicando, no entanto, menor atenção à linguagem. Considerando tal cenário, neste livro aproveito as contribuições dos teóricos para analisar o processo de convergência experimentado na internet sob o prisma dos estudos da linguagem, face menos explorada do tema. Para isso, retomo discussões sobre Web 2.0 e hipertextualidade, propondo um modelo de análise que busca verificar e compreender de qual maneira a união de linguagens originadas em modelos tradicionalmente distintos de produção e edição – rádio, televisão e impresso – delineia uma narrativa jornalística convergente no portal de notícias e, em que medida, essa narrativa pode ser considerada de fato nova ou potencialmente "infinita".

*O autor, outubro de 2013.*

II.

O livro que você tem em mãos começou a ser escrito em 2013, literalmente em meio às jornadas de junho, nos segundos que me sobravam entre cumprir uma pauta de reportagem, fechar uma capa no jornal e fugir de uma bala de borracha. Ele é fruto da pesquisa de mestrado que desenvolvi no Programa de Pós-Graduação em Estudos de Linguagens do Centro Federal de Educação Tecnológica de Minas Gerais (Posling/Cefet-MG). As ideias aqui reunidas partem, na essência, da mesma base teórica sobre a qual construí a dissertação "Convergência de mídias: uma análise da união de linguagens no Portal Uai", defendida em 2013 sob orientação da brilhante professora, poeta e amiga Ana Elisa Ribeiro. Desde o início, o objetivo era transformar a teoria e o modelo resultantes da pesquisa em um livro para fazer o conhecimento circular. Contudo, nos últimos sete anos, com as constantes – e infindáveis – reconfigurações que marcaram/marcam a atividade jornalística no Brasil e no mundo (cito, brevemente, o surgimento de novos atores progressistas e conservadores na rede; o incremento dos dispositivos móveis; a proliferação das *fake news* e dos discursos compartilhados por perfis-robôs; o avanço dos tradicionais *mass media* dentro das redes sociais *online*; o fiasco da "ciberdemocracia" como utopia; e os novos delineamentos da territorialidade virtual com o isolamento social provocado pela pandemia de Covid-19), o material acabou sempre retornando para a gaveta após cada nova decisão de publicá-lo. Desde o golpe jurídico-midiático-parlamentar de 2016, porém, tenho constatado uma necessidade pulsante – em diferentes campos do conhecimento – de métodos e modelos de análise capazes de avaliar de forma profunda os objetos dessa dita era pós-massiva que já começa a naufragar no Brasil: em sua essência composta por conteúdos multifacetados e desterritorializados, em permanente mutação e fragmentados. Assim, a decisão de não mais protelar a publicação da proposta aqui apresentada – ainda que certamente repleta das incompletudes e lacunas que são inerentes ao próprio processo comunicacional circunscrito numa esfera pública em constante mutação – é consoante à percepção de que estudar as transformações experimentadas na linguagem do jornalismo pelas vias da convergência de mídias é, também, uma possibilidade de compreender o próprio jornalismo e seus atores nos tempos hodiernos. Destarte, nas páginas que seguem apresento as bases que serviram de pontapé para a pesquisa da linguagem convergente realizada no Posling/Cefet-MG (Introdução: uma pesquisa antes do livro); reúno as principais interlocuções teóricas necessárias à compreensão do jornalismo enquanto convergência midiática (Capítulo I: hipertexto, Web 2.0 e as linguagens eletrônicas e Capítulo II: notas teóricas para compreender – e construir – uma linguagem convergente); e apresento o modelo de convergência infinita que busca orientar a produção de conteúdos significantes (Capítulo III: modelo metodológico para a convergência infinita), testado em estudos com textos jornalísticos (GONÇALVES, 2013) e também da publicidade e cinema (ALIPRANDI; GONÇALVES, 2017). Dessa forma, caso deseje conhecer o projeto que iniciou esta pesquisa, sugiro que inicie sua leitura já na Introdução. Caso o desejo seja de compreender quais são as principais características necessárias para desenvolver um discurso efetivamente convergente, fique à vontade para iniciar pelos capítulos seguintes. Minha expectativa, ao fim, ainda é a mesma de sete anos atrás: incentivar novas investigações e fomentar diálogos, contribuindo para a construção de conteúdos "duráveis" e significativos (que não se tornem lixo, físico ou virtual), capazes de superar a efemeridade que marca nossa sociedade excitada. Desejo uma agradável leitura.

*O autor, abril de 2020.*

# Introdução_
## ...uma pesquisa antes do livro.

**[Uma crônica para o primeiro dia]**

Lembro-me bem da primeira vez que pisei numa redação de web. O estranhamento – meu e dos demais jornalistas presentes no cenário – durou pouco menos de um minuto. O encantamento nem teve tempo para acontecer. Não naquele dia. Antes que conseguisse descobrir quem era quem já estava a bordo de um computador [muito] velho, de frente para um monitor exageradamente grande, escrevendo e fazendo para anteontem jornalismo policial a distância, sem conseguir, contudo, superar ou esconder o espanto trazido por uma espécie de fetiche imposto pela velocidade que dominava todos ali. Logo percebi que tão cedo não teria tempo para sair à rua e muito menos para entender onde a tal convergência de mídias (uma espécie de mantra no jornal) entraria naquele frenesi desenfreado por conteúdo e cliques. A verdade é que – correndo o risco do humor duvidoso – sentia que o *deadline* estava morto há mais tempo que as vítimas dos crimes que apurava. Talvez, até mesmo que o próprio Chatô. Este, aliás, iria ficar boquiaberto se tivesse visto pelos meus olhos, no *startup* do século XXI, a empresa que criou. É que enquanto o jovem Assis Chateaubriand, ainda pelos idos de 1900, precisou de semanas até conseguir publicar notas sobre "fatos desimportantes" na Gazeta do Norte (primeiro jornal pelo qual foi contratado), um repórter cheirando a fraldas – e focas – tem grandes chances de conseguir uma manchete já no primeiro dia em algum dos maiores portais dos Diários Associados, podendo ser lido por dezenas de milhares de pessoas num clique. Isso, claro, porque a equipe é mirrada em praticamente todos os sites de notícia do país e cada novo par de mãos no teclado é sempre muito bem-vindo. Mas, sobretudo, porque a velocidade da internet tira o tempo de pensar, de planejar, de preparar e treinar um novo profissional ou de discutir um processo que emerge. Não deveria, mas tira. E assim caminha o jornalismo moderno (com o perdão ao compositor pela paródia ruim): com passos de guepardo e em altíssima velocidade. Ele muda e se renova antes que possa ser discutido. Transforma-se em relato do longe que vive aguardando mais informações, em texto de uma fonte só, em reportagem colaborativa construída em coautoria obrigatória com o leitor, em convergência de mídias, em matemática da semântica. E nos atropela com a velocidade do felino e a sutileza de um elefante de saltos, antes que possamos soltar o grito de susto do primeiro dia. Por isso é preciso se distanciar da redação e do correr do tempo peculiar que ela impõe para observá-la. É urgente parar as prensas e os administradores de portais antes que o imediatismo persevere e vença. E pedir socorro à academia, para que seja possível o encanto, mas nunca o vendar dos olhos.

## [Convergência de mídias: mera sinergia?]

Presente na mentalidade e nos projetos empresariais dos grandes grupos brasileiros de comunicação, o processo de convergência de mídias ainda é visto de maneira muito simplificada e superficial pelos profissionais do jornalismo, sendo reduzido, na maioria das análises, a uma mera sinergia nas tarefas realizadas dentro das redações. Entre outras explicações, pode-se dizer que a simplificação acontece porque o ritmo imposto pelo webjornalismo é alucinante e a equipe, de maneira inversamente proporcional, muito reduzida. Não sobra tempo para discutir mudanças no processo ou entendê-lo, já que a dedicação é integral ao fazer. Dessa maneira, embora o texto jornalístico seja uma construção intelectual, a mecânica impera seguindo a lógica da pirâmide invertida e as exigências do mercado, funcionando como uma verdadeira indústria semiformativa dos indivíduos (sem meios termos, tornando-os algo próximo das "laranjas mecânicas" descritas por Anthony Burgess).

A crônica que abre este livro traz realidade semelhante ao recordar o primeiro dia em uma redação jornalística *online* e as angústias que a rotina acelerada e o frenesi por cliques trazem. Em traços gerais, a percepção é de que os processos se atropelam e a ausência – ou insipiência – de discussões dentro das redações sobre a linguagem que emerge na convergência de mídias – transformação que é, em sua essência, complexa e multifacetada – pode levar não somente ao colapso/fracasso do modelo aplicado em determinados grupos de jornalismo, mas, principalmente, ao surgimento e/ou predomínio de uma visão mecanicista, na qual a técnica (ou avanço tecnológico) seria a resposta para um processo que tem como principal produto a construção de uma narrativa sobre a existência das pessoas. É a produção intelectual e linguística resumida a computadores e redes móveis. É a complexidade da vida traduzida em "automatizadas-palavras-simplistas". É o avanço da racionalidade tecnicista sobre o labor jornalístico e a ideologia que ele [re]produz.

**[Do cimento ao conteúdo: foco na narrativa]**

Entre as simplificações de ordem "física" (ou mecânica) feitas pelos jornalistas é comum, inclusive, associar o êxito futuro da convergência midiática à construção de um novo modelo de *newsroom*[i] que consiga incorporar os setores que atuam nas diversas etapas de produção da notícia para diferentes veículos. Mas, lembremos: informação ainda é o motivo de ser e a matéria-prima da imprensa e essa não é construída com tijolos, cimento e areia. Levante um prédio e ele será útil, mas não escreverá textos para você. A questão é que, mais do que reorganizar o espaço físico das editorias de um jornal e unificar forças de trabalho, a produção de trechos de uma reportagem em diferentes formatos (áudio, vídeo, texto e foto) que é condicionada pela convergência de mídias e a veiculação desses em um único ambiente – a internet as redes sociais *online* – transforma a construção do discurso jornalístico com a união de linguagens tradicionalmente distintas, fecundando o surgimento de uma nova (ou, pelo menos, modificada) narrativa, que herda características dos meios de origem – televisão, rádio, jornal impresso – e adquire marcas próprias da web, como textos não lineares e conteúdos customizáveis e interativos, passíveis de edição pelo público ou, pelo menos, de uma nova experiência de leitura (que aqui, metaforicamente, tentarei propor como "infinita" quando atingidas as condições ideais).

**[Um tema, muitas faces e definições]**

Observando o processo de convergência a partir dos principais estudos realizados sobre o tema, pode-se inferir outra justificativa bastante pertinente – talvez a principal encontrada – para que a simplificação em sua análise ainda impere nas redações. Trata-se da inexistência de um conceito único entre estudiosos (CORRÊA; CORRÊA, 2007; SALAVERRÍA; NEGREDO, 2008; JENKINS, 2009; BARBOSA,

2009; RODRIGUES, 2009; MASSIP, *et al.*, 2010; ZILLER, 2011) para definir o que é a convergência de mídias. Mais do que propriamente por um debate conceitual, essa divergência acontece por causa do já citado caráter multifacetado do processo.

Embora olhem por ângulos opostos para o tema, os pesquisadores Henry Jenkins e Ramón Salaverría concordam que, antes de ser qualquer coisa, convergência de mídias "não é uma coisa só". Jenkins (2009, p. 29) lembra que "convergência é uma palavra que consegue definir transformações tecnológicas, mercadológicas, culturais e sociais, dependendo de quem está falando". Embora considere geral a definição apresentada pelo colega estadunidense, Salaverría faz coro ao lembrar as diversas faces pelas quais o processo se apresenta:

> A convergência jornalística é um processo multidimensional que, facilitado pela implantação generalizada das tecnologias digitais de telecomunicação, afeta o âmbito tecnológico, empresarial, profissional e editorial dos meios de comunicação, propiciando uma integração de ferramentas, espaços, métodos de trabalho e linguagens anteriormente separados (SALAVERRÍA; NEGREDO, 2008, p. 45, tradução minha).

Das convergências sugeridas por Salaverría em seu estudo com Samuel Negredo, a que surge com grande interesse para a discussão realizada é a de linguagens, uma das menos exploradas pelos teóricos que estudam o tema. O próprio Jenkins, depois de constatar uma característica multifacetada na convergência de mídias, opta por estudá-la, predominantemente, como um processo cultural. Já Salaverría escolhe observá-la pelo ponto de vista jornalístico e busca esgotar a análise de todas as etapas que constata no processo, através de sucessivos estudos de caso, para tentar a aproximação com um conceito único. Porém, a maioria das abordagens do pesquisador dedica grande atenção aos processos e rotinas de produção, restando menor espaço à linguagem. É certo que ambos, ainda que em correntes opostas, trazem grande contribuição ao tirar o tema da simples observação sinérgica – face que mais seduz as empresas e os jornalistas.

No entanto, além de ter em mente que convergência "não é somente a integração de redações" (SALAVERRÍA; NEGREDO, 2008, p. 16, tradução minha), é preciso, também, sair da *newsroom* para observá-la. É preciso vestir-se como consumidor da informação. Afinal, como reconhece o próprio Salaverría, para o público, pouco importa ou aparece da integração física, econômica e da sinergia dos processos de apuração e produção em uma reportagem. Aos interagentes[ii], as mudanças mais perceptíveis estão no produto final, que surge com uma linguagem transformada.

O produto final – o portal de notícias e seus conteúdos – é a ponta do processo que atrai os olhares neste livro, um dos frutos de uma série de investigações conduzidas à luz dos estudos de linguagens no Programa de Pós-Graduação em Estudos de Linguagens (Posling) do Centro Federal de Educação Tecnológica de Minas Gerais (Cefet-MG).

**[Discussões no Posling/Cefet-MG]**

Desde o surgimento do Posling, em janeiro de 2009, aproveitando o caráter interdisciplinar, a riqueza e a diversidade proporcionadas pelas quatro linhas de pesquisa oferecidas, pesquisadores com formação em outras graduações, que não a de Letras, têm recorrido ao mestrado e ao doutorado em Estudos de Linguagens para observar por novo prisma objetos que seriam "hipoteticamente" de outras ciências. Esse processo tem ocorrido, sobretudo, com pós-graduandos oriundos da Comunicação Social, em sua maioria jornalistas. Frequentemente, esses têm se inserido nas linhas II e IV do programa, respectivamente: "Discurso, Mídia e Tecnologia" e "Edição, Linguagem e Tecnologia"[iii]. As principais motivações para essa associação são as possibilidades de refletir "sobre o papel da mídia e [...] dos dispositivos e dos textos midiáticos" (Linha II), analisar a "interferência de tecnologias na produção e recepção discursiva" (Linha II) e estudar "as relações entre linguagens, processos de criação, edição e convergência de mídias" (Linha IV). É o caso da pesquisa base para este livro (desenvolvida quando ainda não existia a Linha IV no Posling), que encontra suporte na excelência da escola em trabalhos envolvendo o desenvolvimento tecnológico – fator determinante na convergência de mídias – e se fundamenta em imprescindíveis discussões teóricas oferecidas pelo curso dentro dos campos da Linguagem e da Comunicação Social.

Entre os estudos de linguagem jornalística/midiática realizados no Cefet-MG – sobretudo com orientações da Profa. Dra. Ana Elisa Ribeiro, Profa. Dra. Giani David Silva e Prof. Dr. Vicente Aguimar Parreiras –, vale destacar a pesquisa de mestrado concluída por Camila Gonzaga-Pontes (2012), que deu origem à dissertação "Aguarde mais informações: uma análise da webnotícia com base na releitura de estrutura da notícia de Teun van Dijk". Em seu trabalho, a pesquisadora observa que ainda não há uma estrutura própria da notícia na web, apontamento que surge, também, no artigo "Ler e recarregar a página: um exercício analítico sobre a reescrita da webnotícia" (RIBEIRO; GONZAGA-PONTES, 2013). Nele, as autoras observam que as mudanças proporcionadas pela internet talvez não tenham chegado a alterar, em sua essência, a característica informativa do texto noticioso, sua estrutura temática ou sua composição, mas influenciaram a forma como esse texto é produzido e publicado diante dos olhos do leitor (RIBEIRO; GONZAGA-PONTES, 2013). Tal constatação foi testada novamente na pesquisa exposta neste livro que, reconhecendo a importância do diálogo e da continuidade dos estudos de comunicação dentro do Posling, aproveitou as conclusões obtidas por Gonzaga-Pontes (2012) e ampliou o foco ao observá-las sob o olhar da convergência de mídias.

Outro trabalho importante desenvolvido no Posling (e que indico a leitura) está condensado na dissertação "Rota hipertextual baseada em tags", da professora Luana Teixeira de Souza Cruz (2015), sob orientação do Prof. Dr. Vicente Aguimar Parreiras, onde, a partir da Teoria da Complexidade, a autora apresenta um debate sobre os processos de produção da leitura nas trilhas da Web Semântica, tópico/tema fundamental para as discussões sobre convergência de mídias.

**[Ponto de partida para estudar a convergência]**

Como dito anteriormente, a face do processo que surge com maior interesse na pesquisa aqui apresentada é a linguagem. Tomando como ponto principal para a análise a "convergência na tela", ou seja, os produtos noticiosos que surgem na web como frutos de um processo convergente anterior, este livro teve seu ponto de partida na discussão sobre a construção da narrativa na internet a partir da hipertextualidade e da interatividade (Web 2.0), condições consideradas necessárias para a sua realização e compreensão.

Citado à exaustão em todos os trabalhos sobre o tema, como destaca Ana Elisa Ribeiro (2006) em "Leituras sobre hipertexto: trilhas para o pesquisador", o filósofo tunisiano Pierre Lévy traz, em 1993, uma das mais famosas definições sobre a hipertextualidade. Para o teórico, "tecnicamente, um hipertexto é um conjunto de nós ligados por conexões" (LÉVY, 1993, p.33). Os nós citados por Lévy podem ser palavras, páginas, imagens, gráficos e sequências sonoras, sendo que estes itens não são ligados linearmente, mas sim em estrela, de modo reticular. Em uma visão mais desatenta, a definição ainda embrionária – mas ainda amplamente aceita no Brasil (sobretudo por ser a primeira a ser traduzida) – de Lévy já bastaria para definir algo bastante semelhante ao material convergente. No entanto, é preciso entender que a mera união de sons, imagens e textos por *hiperlinks* criaria uma reportagem apenas hipertextual, e não convergente. Convergência pressupõe ir além e unir linguagens. Pressupõe ainda unir, em algum grau, as diferentes instâncias no processo comunicativo, transformando muitas vezes o interagente em autor/coautor e no próprio canal de propagação da mensagem, o que ocorre com a presença da Web 2.0.

Em "O Futuro da internet: em direção a uma ciberdemocracia planetária" – tradução modificada de "*Cyberdémocracie: Essai de Philosophie Politique*" (LÉVY, 2002) –, André Lemos e Pierre Lévy (2010) lembram que o hipertexto ganha novo contexto dentro das discussões sobre as novas mídias interativas pós-massivas, uma vez que, mais do que informativas, essas funcionam como verdadeiras ferramentas de conversação. Seria a *"mass self communication"* (ou "era da intercomunicação"), proposta pelo sociólogo Manuel Castells (2006). E é justamente na soma e/ou cruzamento dessa discussão sobre as mídias pós-massivas com a união de diferentes linguagens, tomando o conceito preliminar de hipertexto proposto por Lévy (1993), que se encontra o ponto de partida para uma interpretação inicial do contexto tecnológico e social em que se insere e funciona a convergência experimentada na tela.

Dado o cenário conceitual supracitado, para que fosse realizada, a pesquisa presente neste livro contou, antes mesmo da revisão bibliográfica visando os estudos de convergência de mídias em si, com um "pontapé teórico" nas discussões sobre hipertextualidade (LÉVY, 1993; LÉVY, 1996; CHARTIER, 2002; PRIMO, 2003; MARCUSCHI, 2005; RIBEIRO, 2006; LEMOS; LÉVY, 2010) e Web 2.0 (PRIMO, 2003; COVRE, 2010; LEMOS; LÉVY, 2010; D'ANDRÉA, 2011). Foi a partir dessa revisão imprescindível – apresentada de forma mais detida no Capítulo I deste livro – que a pesquisa pôde focar as atenções na busca do *corpus* adequado ao estudo e de um modelo metodológico que permitisse avaliar as características que compõe a construção da linguagem na convergência de mídias.

**[Modelo de análise - e execução: o estudo de caso]**

Para verificar o processo de convergência de mídias olhando diretamente através da linguagem, optou-se por seguir Salaverría e elaborar um modelo que privilegiasse os estudos de caso – descartando, porém, algumas das faces do tema (empresarial, econômica) abordadas pelo autor.

Apresentado no 5º Encontro Nacional de Pesquisadores em Jornalismo, da SBPJor, o artigo "Convergência de mídias: primeiras contribuições para um modelo epistemológico e definição de metodologias de pesquisa", elaborado por Elizabeth Saad Corrêa e Hamilton Luís Corrêa (2007), propõe discussões sobre as metodologias de pesquisa mais adequadas para o desenvolvimento de trabalhos científicos abordando a convergência de mídias no jornalismo.

> As reflexões que buscamos na literatura destacam o forte vínculo do subcampo das novas mídias à observação empírica e à busca de fertilização teórica em outros campos correlatos. Fenômenos de jornalismo digital se dão primordialmente no próprio interagir entre aparatos e suportes, protagonistas comunicantes e interagentes. Tais fenômenos se constroem a partir da experimentação que a criatividade humana imprime no próprio espaço de comunicação e sociabilidade (CORRÊA; CORRÊA, 2007, p. 7).

A partir da ideia de que os computadores, smartphones e a internet são elementos determinantes e o próprio espaço de experimentação/configuração da convergência, Corrêa e Corrêa (2007) propõem o estudo de caso como modelo mais adequado. Para os autores, a observação dos processos de convergência por meio de uma sucessão de estudos de caso (e, a partir deles, a aproximação entre teoria e prática) é a alternativa mais viável para atingir o resultado esperado. "Processos comunicacionais não são coisas fechadas em si mesmas, mas objeto de observação caso a caso" (CÔRREA; CÔRREA, 2007, p. 8), concluem. Da mesma forma, a construção da linguagem convergente, conforme exposto nos capítulos seguintes, ainda que gerenciada dentro de uma política editorial/comercial mais ampla, deve ser trabalhada de acordo com as especificidades e potencialidades de cada caso.

Tomando a assertiva dos autores, optou-se (na pesquisa que serviu de origem para esta obra) por "recortar" as inúmeras possibilidades de estudo da linguagem convergente, focando em um só caso que serviu como o principal teste para a base teórica apresentada: o experimentado pelos veículos dos Diários Associados (DA) dentro do Portal Uai <www.uai.com.br> (*corpus* escolhido para a dissertação defendida no Posling). Foi a partir desse estudo de caso (brevemente detalhado no próximo tópico, mas que não será retomado com maior fôlego neste livro) que surgiu o modelo de convergência "infinita" proposto no capítulo final.

**[Fonte inicial do estudo: Portal Uai]**

Como dito anteriormente, na maior parte dos grupos brasileiros de comunicação, o processo de convergência de mídias faz parte apenas do discurso empresarial ou foi reduzido a uma mera sinergia nas tarefas da redação com acúmulo de funções pelos jornalistas. Em pleno 2020, ainda são raros os casos no Brasil onde se observa de maneira efetiva a construção desse processo. Entre as empresas que há mais tempo acenam para uma integração na tela, podemos citar os Diários Associados, grupo fundado pelo jornalista Assis Chateaubriand em 1924 e que conta com portais de notícia em cinco estados brasileiros, além do Distrito Federal. Em Minas Gerais, embora a integração das diferentes redações dos DA ainda não aconteça de forma plena, o modelo de negócio da empresa previa há mais de uma década (mais precisamente, a partir de 2008[iv]) a união de conteúdos da TV Alterosa, do Jornal Estado de Minas e da (hoje extinta) Rádio Guarani[v] na tela do Portal Uai, o maior e mais antigo *site* de notícias do Estado – fundado em 1996, o veículo contava, em 2013, com uma média mensal de 100 milhões de *pageviews*.

O projeto convergente almejado pelos Diários Associados, bem como a proximidade e relevância do portal, foram fatores determinantes para a escolha do veículo como fonte/*corpus* para a realização do estudo de caso que originou esta obra e o modelo apresentado. Vale ressaltar que, ao optar por analisar a linguagem convergente praticada no Portal Uai através de uma abordagem qualitativa, ou seja, que tem em sua essência a observação crítica a partir da aproximação dos dados com as reflexões teóricas anteriores, a pesquisa se cercou de cuidados para garantir que nem a 'mão leve' nem o olhar rígido pesassem, uma vez que, no momento de desenvolvimento da pesquisa, este que vos escreve fazia parte do quadro de funcionários da empresa. Ainda que ciente da impossibilidade da imparcialidade absoluta (amém!), busquei me alinhar, com redobrada atenção, a todos os princípios éticos para o desenvolvimento do trabalho, não abrindo mão da liberdade para o pleno exercício da pesquisa e crítica (algo que o corporativismo patronal que impera dentro das redações jornalísticas tenta minar na classe trabalhadora dia após dia).

Ao fim, com o estudo de caso supramencionado (bem como a partir da realização de outros estudos-piloto relatados na minha dissertação), foi possível comprovar a eficácia do modelo desenvolvido. Conforme mencionado, a pesquisa com o Portal Uai não será retomada neste livro (que busca extrapolá-la), mas está disponível no sítio eletrônico do Posling/Cefet-MG, no banco de teses e dissertações da Capes e em meu site pessoal (www.emersoncampos.com.br), a partir do *QR code* na próxima página.

**Link para a dissertação em www.emersoncampos.com.br**

## [É tempo de se quebrar o paradigma]

Conforme mencionado anteriormente, ainda sem uma definição única, a convergência de mídias ganha uma de suas melhores discussões no livro "Cultura da Convergência", de Henry Jenkins (2009). Na obra (que completou dez anos de publicação da tradução completa), o teórico traz uma questão que preocupa e se soma aos erros de definição e simplificações citados, justificando a inquietação que me levou a estudar a linguagem na convergência de mídias: o paradigma da revolução digital. Segundo o autor, enquanto o emergente paradigma da convergência presume que novas e antigas mídias interajam de formas cada vez mais complexas, ainda há um forte domínio da chamada revolução digital, que prevê um processo em que as novas mídias acabam por substituir as antigas. Nesse contexto de incertezas, preocupa o grande domínio que o último paradigma exerce nas escolas de jornalismo e na mentalidade dos próprios jornalistas, que se mostram assustados com a possibilidade de que mídias mais tradicionais, como o rádio e o impresso, desapareçam com o processo de convergência. Esse pensamento está ligado principalmente ao primeiro equívoco, apontado por Salaverría e Negredo (2008), na definição de convergência: tratá-la apenas como união das redações. Por isso a importância de se estudar a linguagem convergente, face ainda pouco explorada deste complexo processo. Compreender a formação desse novo/modificado discurso jornalístico a partir da união de diferentes linguagens se mostra tarefa imprescindível e de imensurável importância no país que experimenta a convergência numa época em que, com a discussão da obrigatoriedade (ou não) do diploma de jornalista, todos os internautas – sejam eles profissionais da internet, influenciadores digitais ou apenas curiosos – podem se apresentar como repórteres e grandes interventores nos portais (e isso sem adentrar no mérito das discussões sobre *fake news*).

Dado o cenário apresentado, com simplificações e divergências de conceito dominando os debates sobre a convergência de mídias (processo que é, por natureza, multifacetado), a pesquisa que originou este livro foi conduzida sempre mantendo fidelidade à seguinte problemática:

*Como a união de linguagens originadas em modelos tradicionalmente distintos de produção e edição – rádio, televisão e impresso – delineia uma narrativa jornalística convergente nos portais de notícia? Como e em que medida essa narrativa convergente pode ser considerada nova, do ponto de vista da linguagem que a constitui e dos parâmetros jornalísticos a ela vinculados?*

Para conseguir responder ao problema, o estudo percorreu um caminho que passou pelo cumprimento de determinados objetivos, a fim de imergir em uma reflexão mais profunda e detalhada da temática. Foram eles:

*Objetivo geral*

*Dentro do processo de convergência de mídias, investigar como e em que medida a união de linguagens originadas de meios tradicionalmente distintos transforma a lógica de construção da narrativa jornalística nos portais de notícia.*

*Objetivos específicos*

*Analisar as estratégias de construção de sentido nos portais de notícias a partir do fenômeno da convergência de mídias; Verificar em quais medidas o discurso se transforma com a convergência de mídias, considerando os parâmetros jornalísticos a ela vinculados; Tomando como referência os modelos usados nos suportes originais, verificar quais são as principais mudanças estruturais sofridas pelos conteúdos em vídeo, texto, áudio e foto ao serem publicados na web; Investigar as interferências que a hipertextualidade e as possibilidades da Web 2.0 trazem ao jornalismo quando somadas à união de linguagens na tela; Verificar como o processo de convergência de mídias transforma a cultura de produção dentro das redações jornalísticas; Procurar marcas do processo de convergência de mídias no produto jornalístico final publicado nos portais de notícias.*

Conforme mencionado no texto de apresentação, este livro foi divido em quatro partes principais, sendo a Introdução que você acabou de ler a primeira delas. Os objetivos descritos acima são percorridos nos próximos três capítulos.

Na segunda e terceira partes (Capítulo I e Capítulo II) são feitas revisões teóricas com nuances indispensáveis para a compreensão do jornalismo e da linguagem jornalística no contexto convergente. Para isso, são abordados os principais conceitos e discussões da atualidade sobre hipertextualidade, Web 2.0 e convergência de mídias. Vale ressaltar que, durante todo o processo de pesquisa, optou-se por trabalhar com teóricos com visões muitas vezes opostas (Lemos e Lévy *versus* Assange; Jenkins *versus* Salaverría e Negredo), primando pela reflexão e respeito às diversas correntes como caminho para chegar às teorias que conduziram este estudo.

Já no braço final do livro (Capítulo III), aproveitando o conhecimento fomentado pelas discussões teóricas, apresenta-se o modelo de análise elaborado a partir da experiência empírica desenvolvida durante a pesquisa com o Portal Uai. Vale ressaltar que o mesmo modelo, apresentado como proposta no XXXVIII Congresso Brasileiro de Ciências da Comunicação (GONÇALVES, 2016), também foi testado com outros produtos jornalísticos e do audiovisual/publicidade (ALIPRANDI; GONÇALVES, 2017).

Ao fim das quatro partes, tece-se alguns breves apontamentos sobre novas perspectivas e caminhos para o estudo das linguagens no âmbito da convergência de mídias.

# Capítulo I_
## ...*hipertexto, Web 2.0 e*
## *as linguagens eletrônicas.*

**[O futuro da internet]**

Determinar rumo a qual futuro a internet caminha é tarefa em que poucos se arriscam. São mais raros ainda os pesquisadores que se lançam à sorte para dizer qual tipo de linguagem jornalística nós vamos atingir com as constantes transformações da web. Isso porque, nas últimas duas décadas, a 'nova-e-velha-mídia', ainda que em processo de amadurecimento, viveu uma verdadeira revolução de conceitos com a união de linguagens, enchendo as certezas de dúvidas e subvertendo uma lógica que lhe foi imposta logo no berço: de ser o espaço infinito para transpor o impresso, o local da multimidialidade, a memória fácil (PALACIOS, 1999). A web mostrou que, de fato, é muito mais. Não que os conceitos originais difundidos por Marcos Palacios (1999) – hipertextualidade, interatividade, multimidialidade, personalização, memória e atualização contínua –, pregados ao longo de anos nas escolas de jornalismo, estejam errados, mas existe um consenso atual nas pesquisas de que eles são parcela ínfima do que a rede pode representar, seja para o bem ou para o mal (e é isso que preocupa).

A transformação na lógica da internet está diretamente relacionada com o cruzamento da linguagem hipertextual com o cenário trazido pela Web 2.0. E os primeiros resultados promovem previsões diversas, a maior parte delas superestimadas em extremos opostos, como em Lévy e Lemos (2010), que pregam a possibilidade de uma ciberdemocracia planetária a partir da libertação pela linguagem, ou em Assange (2013), que acredita que a nova realidade "traz um soldado para debaixo de nossa cama" – se referindo à possibilidade de espionagem que a web permite aos governos que detêm a tecnologia (em tempo: não sei quanto a você, mas entre as duas visões já ouso adiantar que fico com a metáfora de Assange).

Entendendo que a convergência de mídias é um processo inserido na transformação citada acima e que sua linguagem é, em grande parte, fruto desse processo ainda em construção, este capítulo busca tecer um meio-termo nas previsões para a Web 2.0, atingindo uma definição de hipertexto que atenda a contemporaneidade das publicações observadas. Além disso, recorrendo aos clássicos manuais de jornalismo e teorizando sobre os conceitos de texto que eles apresentam para as mídias digitais, busca-se uma revisão do processo de construção das narrativas elaboradas para rádio e televisão (linguagens eletrônicas), a fim de entender em que ponto elas se cruzam na tela com a linguagem do impresso, base para a origem do jornalismo *online* e presente na web desde o surgimento dos primeiros portais.

**[Hipertexto]**

Abordado na introdução deste trabalho, o pesquisador Pierre Lévy é citado à exaustão nos estudos sobre a produção de qualquer forma de conteúdo na internet, graças à rica pesquisa que desenvolve sobre a hipertextualidade. Embora pareça ser um caminho à contramão da história, iniciar a discussão estudando esse teórico – e não aqueles que o antecederam – é extremamente pertinente, uma vez que ajuda a delimitar um conceito mais atual e bem recortado de hipertexto, sobre o qual será preciso debruçar durante todo o percurso teórico. É importante destacar, ainda, uma preferência pela abordagem de Lévy – e não só por seu maior entusiasmo com o tema –, uma vez que os conceitos defendidos pelo filósofo ganham em atualidade e se aproximam da discussão sobre convergência de mídias, principalmente através da obra "O Futuro da internet: em direção a uma ciberdemocracia planetária", de 2010, uma tradução modificada escrita em conjunto com André Lemos a partir do original *"Cyberdémocracie: Essai de Philosophie Politique"* (LÉVY, 2002). Ao assinar o livro com Lévy, o brasileiro traz as discussões e teorias do tunisiano para o cenário nacional e oferece novos elementos ao debate, como o conceito de mídias interativas pós-massivas e a inserção das ferramentas da Web 2.0 no conceito de hipertextos (noções importantes sobretudo porque, na visão aqui defendida, a linguagem convergente deverá se sustentar sobre o tripé hipertextualidade, multimidialidade e interatividade).

*Primeiras definições de Chartier e Lévy*

Para iniciar a busca da melhor definição de hipertexto dentro da teoria de Lévy é preciso entender antes que o filósofo o trata como uma "tecnologia intelectual" e não como um processo mecânico (ainda que, ora ou outra, aborde o tema dessa forma). Para o autor, o hipertexto seria uma tecnologia que quase sempre exterioriza, objetiviza ou virtualiza uma função cognitiva ou atividade mental. Desta forma, ainda em 1993, ele chega a uma definição embrionária, mas ainda amplamente aceita e utilizada, sobre o tema:

> Tecnicamente, um hipertexto é um conjunto de nós ligados por conexões. Os nós podem ser palavras, páginas, imagens, gráficos ou partes de gráficos, sequências sonoras, documentos complexos que podem eles mesmos ser hipertextos. Os itens de informação não são ligados linearmente, como em uma corda com nós, mas cada um deles, ou a maioria, estende suas conexões em estrela, de modo reticular. Navegar em um hipertexto significa, portanto, desenhar um percurso em uma rede que pode ser tão complicada quanto possível.

> Porque cada nó pode, por sua vez, conter uma rede inteira (LÉVY, 1993, p. 33).

Assim como Lévy, o historiador francês Roger Chartier também se mostra interessado na forma como o hipertexto cria uma nova narrativa. Em "Os desafios da escrita", de 2002, Chartier destaca que a hiperleitura que o hipertexto permite e produz transforma as relações possíveis entre as imagens, os sons e os textos associados de maneira não linear – é importante ressaltar que para Chartier o hipertexto já estava presente em enciclopédias e algumas organizações textuais anteriores ao ciberespaço, embora em outra natureza.

Embora pareça pertinente seguir Chartier e pensar o hipertexto como estrutura textual já existente em outras publicações – como capas de jornal, para citar um exemplo do universo estudado –, aqui se faz necessário um recorte para a pesquisa proposta sobre convergência de mídias: durante toda a abordagem teórica e o processo de estudo e análise presentes neste livro, o hipertexto é tratado apenas como ferramenta da internet, já que a união deste tipo de organização textual com as novas tecnologias da informação possibilitou determinadas formas de interação e navegação (ou leitura) que certamente não eram possíveis nas publicações citadas por Chartier. O objetivo com tal recorte é reduzir o objeto de estudo e facilitar sua observação.

*Estadunidenses e o início da história*

Seguindo pela contramão da história, chegamos até 1940, com Vannevar Bush; e a 1965, com Theodore Nelson. Atribui-se o início da história sobre o hipertexto a Bush, que teria pensado – ainda que de forma mecânica – em "algo" com a característica de fazer ligações entre informações por meio de verdadeiras encruzilhadas ou nós (como proposto na definição de Lévy). Teria sido, no entanto, Nelson o responsável por dar nome à invenção de Bush. De forma menos mecânica que seu antecessor, o pesquisador pensou um "objeto" mapeado com diversos percursos possíveis que permitissem ao leitor acessar as informações de maneira mais pessoal, ou, nas palavras de Ribeiro (2006), "uma maneira 'customizada' de ler e escrever".

É preciso ressaltar que a criação de Bush (sem nome na época) poderia ter sido ligada tanto ao hipertexto – o que de fato aconteceu –, quanto aos HDs (*hard disk drive*) de um computador. Ambos, em sua lógica, imitam de determinada maneira a forma como o cérebro humano assimila e organiza as informações, segundo afirma Nelson (1965). Para ele, se os pensamentos eram estruturados de maneira não sequencial, não haveria motivos para organizá-los de maneira que parecessem lineares, ideia defendida também por Pierre Lévy (1993).

*O hipertexto de Lévy na era pós-massiva*

Aceitando que o hipertexto imita a forma como pensamos, saltamos mais uma vez na história. Tomando a definição básica de Lévy como pontapé inicial para descrever o hipertexto, resta ainda aplicar o conceito ao contexto contemporâneo, uma vez que a hipertextualidade experimentada através da convergência de mídias e da Web 2.0 certamente é diferente das bases da *World Wide Web* (*WWW*) na década de 1990 e dificilmente será igual ao que veremos com a cada vez mais presente Web Semântica (Web 3.0). É o próprio Lévy, em 1996, que ajuda na tarefa de aplicar seu conceito aos dias atuais, lembrando que "diversos sistemas de registro e de transmissão (tradição oral, escrita, registro audiovisual, redes digitais) constroem ritmos, velocidades ou qualidades de história diferentes" (LÉVY, 1996, p. 22). A partir dessas diferenças apontadas pelo filósofo, é possível inferir que a aplicação do conceito de "nós" do hipertexto vai depender, também, da origem e da história de cada linguagem utilizada no texto convergente. Em outras palavras, mais do que um conjunto de nós ligados por conexões, na era da convergência, o hipertexto configura o desenho de uma nova narrativa, ao ligar em uma só linguagem na tela outras diferentes linguagens, cada qual carregando em si as marcas e características peculiares da mídia onde se originou.

Assim, na obra de 2010, André Lemos e Pierre Lévy apontam três grandes linhas de transformação que podem dar novo caráter às mídias e, também, ao hipertexto:

> A perspectiva global das mídias e sua dependência crescente em relação às comunidades e redes sociais locais de alcance global. A convergência entre os suportes midiáticos e de forma mais geral entre todas as instituições que têm vocação para difundir mensagens e reconfigurar a cultura contemporânea. A responsabilização crescente da função midiática pelo conjunto de atores sociais: a emergência das mídias de função pós-massiva pelo princípio da conexão generalizada, aliando potência informativa e mobilidade. (LEMOS; LÉVY, 2010, p. 72).

Entre as transformações citadas, os autores destacam a convergência, a dependência das redes sociais *online* e a potencialidade trazida pela função pós-massiva das mídias. Tudo isso, como dito anteriormente, dá um sentido muito mais amplo ao hipertexto do que aquele elaborado inicialmente por Lévy. Na verdade, ele não deixa de ser um conjunto complexo de nós formados por palavras, textos, gráfico e vídeos, só que ele passa a ser isso e algo mais.

**[Definição de hipertexto na convergência]**

A partir das reflexões de Lévy e Lemos, parece pertinente lançar uma nova definição de hipertexto, que reúna a teoria "embrionária" do filósofo e suas atualizações presentes na obra de 2010. Portanto, neste livro, entende-se que hipertexto é o conjunto complexo de conexões comunicacionais que é formado pela união de diferentes linguagens nas telas de computadores e dispositivos móveis, sendo que este conjunto pode ser ao mesmo tempo, a linguagem convergente que surge na web e, também, o espaço do ato comunicacional, uma vez que a era pós-massiva possibilita a participação do interagente no mesmo ambiente em que a mensagem é construída, seja de forma sincrônica ou anacrônica.

Vale ressaltar, mais uma vez, que o conceito acima não abrange a totalidade do hipertexto, uma vez que parece pertinente e inquestionável o posicionamento de Chartier sobre sua origem. No entanto, o recorte e a atualização da definição são facilitadores indispensáveis para o desenvolvimento e a compreensão do funcionamento de uma narrativa convergente.

**[Web 2.0: era pós-massiva ou da interatividade]**

Entre as discussões propostas neste capítulo, a que concentra a maior parcela das atenções de pesquisadores contemporâneos se refere às potencialidades da Web 2.0, responsável não só por transformar a produção da narrativa jornalística nos portais de notícia (foco deste trabalho), mas, também, por viabilizar o encontro de ideias e ideais para complexas mudanças políticas e levantes populares contemporâneos, sendo, em alguns casos (Primavera Árabe[vi], Jornadas de Junho), ator principal na organização de lutas por causas coletivas que colocam o próprio discurso jornalístico em xeque. Tais possibilidades da Web 2.0 estão presentes em todas as obras pesquisadas para a discussão presente neste tópico, em especial nos livros de Lévy, Lemos e Assange, que travam um rico embate em dois extremos.

Dentro da lógica de visões opostas já citada no tópico "O futuro da internet", as obras dos três autores se contrapõem de maneira clara, revelando infernos e paraísos possíveis com a utilização do discurso na Web 2.0. Enquanto os pesquisadores André Lemos e Pierre Lévy (2010) defendem o surgimento de uma ciberdemocracia planetária, com a libertação (ou liberação) pela palavra possível no espaço comunicacional oferecido na rede, Julian Assange (2013), o polêmico fundador do *WikiLeaks*[vii], ainda que de maneira menos conceitual e teórica, se mostra preocupado com o otimismo exacerbado que existe em torno das redes sociais *online* e defende que a liberdade na rede só é possível por meio de outra forma de linguagem, a criptografia[viii].

*O futuro da internet para Lévy e Lemos*

Uma atualização da democracia virtual proposta por Pierre Lévy no início da década passada para a era da Web 2.0. Essa é a linha que conduz a obra "O futuro da internet: em direção a uma ciberdemocracia planetária", tradução modificada assinada pelo professor de comunicação da UFBA, André Lemos. Na abertura do livro, o próprio Lévy esclarece que o objetivo é analisar as transformações contemporâneas da esfera pública como resultado da expansão do ciberespaço e considerar as novas possibilidades que essa mudança abre para a democracia. O tunisiano lembra que, em 2002, ano de publicação do original "*Cyberdémocracie: Essai de Philosophie Politique*", "a blogosfera não tinha nome, a Wikipedia – que nasceu em 2001 – passava ainda despercebida, e a Web 2.0 ainda não existia" (LEMOS; LÉVY, 2010, p. 9). Aliás, é a Web 2.0 – na obra também denominada de "computação social" ou "era pós-massiva" – que valida o que foi publicado pelo pesquisador em 2002, quando apontou um "movimento futuro" para liberação da palavra e da expressão pública pelo ciberespaço.

Em sua atualização, Lemos mostra compartilhar as ideias embrionárias de Lévy sobre a ciberdemocracia, deixando, inclusive, transparecer o mesmo otimismo em relação à utilização da Web 2.0 como ferramenta de luta social. "Quanto mais podemos livremente produzir, distribuir e compartilhar informação, mais inteligente e politicamente consciente uma sociedade deve ficar. As ações de produzir, distribuir e compartilhar são os princípios fundamentais do ciberespaço" (LEMOS; LÉVY, 2010, p. 27), afirmam os teóricos, que ainda apostam:

> A transformação da esfera midiática pela liberação da palavra se dá com o surgimento de funções

comunicativas pós-massivas que permitem a qualquer pessoa, e não apenas empresas de comunicação, consumir, produzir e distribuir informação sob qualquer formato em tempo real e para qualquer lugar do mundo sem ter de movimentar grandes volumes financeiros ou ter de pedir concessão a quem quer que seja. Isso retira das mídias de massa o monopólio na formação da opinião pública e da circulação de informação (LEMOS; LÉVY, 2010, p. 25).

Vale ressaltar que Lemos e Lévy (2010) deixam claro ter consciência de que boa parte da teoria publicada ainda pode parecer aos demais ou, de fato, ser uma utopia. É a partir dessa lógica que eles apresentam os passos que indicam o caminho em direção à emancipação de tempo e das fronteiras que a linguagem na internet e a ciberdemocracia permitem. Seria uma jornada rumo ao governo mundial ciberdemocrático, um novo tipo de Estado transparente a serviço da inteligência coletiva.

A transparência radical permitida pelos instrumentos do ciberespaço, como condição para que ela continue sistemática, nos parece ser um dos fatores determinantes não apenas da mutação da democracia moderna em ciberdemocracia, mas da queda próxima das ditaduras à moda antiga (LEMOS; LÉVY, 2010, p. 67).

Para sustentar a argumentação, Lemos e Lévy (2010) se apoiam nas discussões do sociólogo Manuel Castells (2006), recorrentemente citado em estudos sobre comunicação, mostrando as mudanças provocadas pela Web 2.0 nas tradicionais mídias de massa com o surgimento da era pós-massiva. Ainda na ideia da libertação pela palavra, eles destacam o fim dos filtros – "*gatekeepers*"[ix] – para o consumo e a distribuição de conteúdos, opiniões e mensagens.

*Teoria do Estado Transparente*

Dentro do debate sobre a governança ciberdemocrática global, Lemos e Lévy chegam à "Teoria do Estado transparente", em que discutem diversos aspectos – como entraves judiciários e econômicos – dessa possibilidade, apresentando-a como "um convite a pensar a natureza do futuro Estado ciberdemocrático mundial" (LEMOS; LÉVY, 2010, p. 179). Os autores lembram (e apostam) que o processo deve começar pelas zonas que já são mais conectadas, como a Europa, a América e os países avançados da zona Ásia-Pacífico. Os pesquisadores, no entanto, ponderam, que para tal Estado planetário, todas as formas de totalitarismo devem ter sido relegadas à memória da humanidade como etapas superadas[x], ressaltando a essência democrática e coletiva da sociedade que surge libertada pela palavra.

A reflexão sobre o nascimento do Estado proposto por Lemos e Lévy parte de três fatores: a globalização, o crescimento do liberalismo e a emergência da sociedade da informação. Unidas, essas três tendências formam a civilização da inteligência coletiva, o que, para os autores, espelharia o novo Estado. Os teóricos apontam uma das principais missões deste novo Estado:

> Fornecer à inteligência coletiva da sociedade um metanível de reflexão, de regulação e de governança, uma espécie de espelho que permite reconhecer os efeitos dos seus atos, de aprender continuamente e de ver mais amplamente (LEMOS; LÉVY, 2010, p. 185).

## *O outro lado: o futuro nebuloso de Assange*

"Privacidade para os fracos, transparência para os poderosos". É esta a máxima que dita o movimento *cypherpunk* formado, em sua essência, por ativistas hackers que utilizam a criptografia para provocar mudanças sociais e políticas. E é dessa ideia embrionária e, principalmente, de todas as ações articuladas pelos mais diversos Estados e organizações privadas para impedi-la, tornando a internet ferramenta de vigilância, que urge o grito de Julian Assange em tom que ultrapassa o alarmismo e beira o apocalipse (que de fato, ao meu ver, experimentamos) ao comentar a Web 2.0: "a internet é uma ameaça à civilização humana" (ASSANGE *et al.*, 2013, p. 25).

Editor-chefe e visionário que comandou a criação do *WikiLeaks*, *site*/grupo responsável por revelar documentos secretos do governo dos Estados Unidos (entre os mais notórios, o *Cablegate*[xi], com 251 mil comunicados diplomáticos provenientes de 274 embaixadas dos Estados Unidos, responsáveis, entre outros desdobramentos, por semear a Primavera Árabe), Julian Assange ficou exilado durante sete anos na embaixada do Equador no Reino Unido, de onde foi expulso em abril de 2019 (sendo posteriormente preso pela polícia britânica) após a direita vencer as eleições presidenciais equatorianas[xii].

A obra "Cypherpunks: liberdade e o futuro da internet" é uma transcrição, acrescida de comentários e notas, do debate gravado em 20 de março de 2012 entre o fundador do *WikiLeaks* e três "colegas sentinelas" na prisão domiciliar/exílio em Londres. São eles Jacob Appelbaum, Andy Müller-Maguhn e Jérémie Zimmermann, todos ciberativistas ou *cypherpunks*[xiii], defensores do código livre, da liberdade de expressão e da criptografia como arma contra a vigilância controlada.

Para sustentar as afirmações e comprovar o alcance de suas teses, eles ilustram o discurso com ataques econômicos, políticos e jurídicos aplicados pelo governo dos Estados Unidos contra eles próprios, o *WikiLeaks* e seus representantes.

Na versão publicada na América Latina, 'Cypherpunks' ganhou um prefácio especial, escrito por Assange um mês antes do lançamento. No texto, Julian lembra que as questões abordadas são de "especial interesse para os leitores da América Latina" (ASSANGE *et al.*, 2013, p.19), em tom que recorda os sombrios tempos coloniais. "Ela [a criptografia] pode ser utilizada para combater não apenas a tirania do Estado sobre os indivíduos, mas a tirania do império sobre a colônia[xiv]" (ASSANGE *et al.*, 2013, p. 22).

*Apocalipse e solução na linguagem matemática*

Em seu debate teórico, Assange traz o apocalipse, mas também apresenta a solução. Ao mesmo tempo em que o autor sentencia uma ameaça global e destaca o perigo de que a civilização se transforme em uma distopia da vigilância "pós-moderna" (eu diria ainda "moderna"), ele traz a arma para vencer o temido inimigo. Trata-se da criptografia e suas propriedades físicas. Julian explica com certo sarcasmo que "o universo acredita na criptografia" (ASSANGE *et al.*, 2013, p. 27), de forma que é mais fácil codificar informações do que decodificá-las. "Nenhuma força repressora poderá resolver uma equação matemática" (ASSANGE *et al.*, 2013, p. 28), resume.

Em voga nos conceitos que tecem a obra de Assange e seus "sentinelas" está a noção de que o platonismo (aqui num sentido meramente romântico, utópico) criado sobre a capacidade "maravilhosa" das redes sociais *online* em trazer independência e liberdade de expressão mascara formas modernas de vigilância, sendo que essas ferramentas são utilizadas massivamente pelos Estados. É o paradoxo maior comunicação *versus* maior vigilância.

Essa dicotomia trazida pela rede é exemplificada pelo próprio Assange com caso semelhante ao utilizado por Lemos e Lévy, porém sob um novo olhar. Julian lembra a o levante contra o governo Mubarak no Egito (Primavera Árabe), em 2010, e destaca que, embora a organização realizada pelas redes sociais *online* tenha conseguido êxito ao chegar às ruas, todos organizadores foram rastreados, de modo que, não fosse o sucesso do movimento (por um erro de estratégia do governo), eles dificilmente estariam vivos para contar a história. E é neste mesmo tom apocalíptico que o grupo continua as discussões sobre o Google, o Facebook, o fornecimento de informações pelos usuários e a utilização dessas pelas agências de espionagem estadunidenses durante todo o texto. "Hoje isso é feito por todo mundo e por praticamente todos os Estados, em consequência da comercialização da vigilância em massa" (ASSANGE *et al.*, 2013, p. 43).

No entanto, os debatedores também reconhecem que, em certo ponto, a Web 2.0 se apresentou como desafio e perigo aos Estados dominantes. "Se olharmos a internet do ponto de vista das pessoas do poder, os últimos vinte anos foram aterrorizantes", diz Andy Müller-Maguhn (ASSANGE *et al.*, 2013, p. 44).

Em uma crítica à técnica moderna que ainda restringe o poder de controle às pessoas que detêm os recursos físicos e à necessidade de satisfação social da massa pela internet, os autores chegam a comparar a recompensa oferecida pelo Facebook através de "créditos sociais" com o fornecimento de informações para a Stasi, órgão de controle da segurança da antiga Alemanha Oriental, onde se pagava pelas informações fornecidas. No entanto, para eles, a nova forma de controle imposta pela internet se mostra mais preocupante, já que ao em vez de coletar informações de "pessoas táticas", opta-se estrategicamente por armazenar "tudo de todos" para depois esmiuçar. Julian Assange resume bem a ideia que norteia o debate:

> A internet, que deveria ser um espaço civil, se transformou em um espaço militarizado. Mas ela é um espaço nosso, porque todos nós a utilizamos para nos comunicar uns com os outros, com nossa família, com o núcleo mais íntimo de nossa vida privada. Então, na prática, nossa vida privada entrou em uma zona militarizada. É como ter um soldado embaixo da cama (ASSANGE *et al.*, 2013, p. 53).

Andy completa os indícios "bélicos" que sustentam a teoria: "[...] o principal identificador da estrutura do banco de dados [do Facebook] era a palavra 'alvo'. Eles não chamam as pessoas de 'assinantes', 'usuários' ou qualquer termo do gênero" (ASSANGE *et al.*,2013, p. 74).

O livro de Assange e seus colegas *cypherpunks* surge como importante contraponto em era de "adoração" à Web 2.0. Teóricos como Henry Jenkins, André Lemos e Pierre Lévy têm promovido rico debate no sentido de exaltar a possibilidade de comunicação livre e democrática oferecida pela web, relembrando, entre outros, os conceitos de Marshall McLuhan (1911 - 1980), principalmente no que diz respeito à aldeia global[xv]. No entanto, é preciso ter cuidado ao defender essa liberdade como se fosse "plena", uma vez que a comunicação, *a priori*, ainda depende em grande parte de ferramentas que têm códigos fechados e uma estrutura física de propriedade dos Estados e ou das empresas privadas que financiam os Estados. Não é exagero questionar o limite da liberdade, mas é preciso lembrar que, como o próprio Julian Assange coloca, a batalha é tanto política quanto tecnológica (isso sem mencionar que, numa concepção marxista, não se vence na superestrutura, mas na estrutura).

**[Outros estudos sobre Web 2.0]**

Partindo das reflexões de Lemos, Lévy e Assange, pode-se inferir que, ao serem incorporadas pelo processo convergência de mídias, as características da Web 2.0 não apenas uniram diferentes suportes e linguagens, como também trouxeram o usuário (agora interagente) para a produção dos conteúdos, obrigando os portais noticiosos a adotar entre suas estratégias as possibilidades de interação a partir de *sites* específicos colaborativos, redes sociais próprias, sessões de comentários, entre outras ferramentas que permitam ao internauta – que já experimentava uma maior autonomia através da hipertextualidade – editar, transformar e participar da notícia. É o fim da "arrogância" da imprensa, que passa a ter suas "verdades absolutas" questionadas pelo leitor ou, na definição de Alex Primo (2003), modificadas pelos interagentes.

Nunes (2009) lembra que para Ramón Salaverría, o principal desafio é a interatividade. Segundo o espanhol, incorporar o leitor ao discurso jornalístico é algo radicalmente novo e é a isso que os meios digitais estão conferindo um protagonismo. De acordo com Salaverría e Negredo (2008), o impacto da interatividade já pode ser observado nos jornais impressos, uma vez que os mesmos vêm abrindo espaço para os leitores proporem pautas e debates. E os autores sentenciam: podemos estar assistindo aos primeiros passos de algo que terminará mudando o discurso jornalístico que conhecemos há mais de um século.

Em artigo apresentado no VI Encontro Nacional de Pesquisadores em Jornalismo, da SBPJor, Xosé Lopéz (2008), professor de jornalismo digital na Faculdade de Ciência da Comunicação da Universidade de Santiago de Compostela (Espanha), discute a crescente participação dos usuários nos portais de notícia mais tradicionais da internet, alguns com mais de uma década do existência. Ele deixa claro que nem todos os portais tradicionais querem essa participação e lembra que outros que buscam a interação não sabem como fazê-la ou encontram dificuldades para gerenciá-la. Lopéz estudou 15 portais noticiosos brasileiros e europeus, nos quais ele observou transformações que definiu como próprias da primeira década deste século, o que denominou de "Sociedade em Rede", em referência aos estudos de Castells.

Segundo Lopéz (2008), a sombra do mundo digital comanda todas as transformações vivenciadas nos meios de comunicação (que se reorganiza a partir da convergência de processos ou convergência de mídias) e na sociedade civil (que se dota de ferramentas para participar e ter voz nessa nova mídia). Em sua análise, ele observa que os portais têm incorporado diversas vias de participação dos usuários, como as redes sociais *online*, sendo possível observar uma melhora progressiva na intervenção e participação dos internautas no processo informativo. Para o autor, as mudanças atingem inclusive a profissão do jornalista, que tem seu papel de moderador oficial e intérprete da realidade ressignificado.

Em suas conclusões, Lopéz afirma que a Web 2.0 não somente chegou às redações jornalísticas através de blogs, wikis e redes sociais, como também já é demandada pelos grandes grupos de comunicação através de profissionais específicos, que são contratados para gerenciar essas ferramentas, de modo a tornar o processo comunicacional mais democrático e plural, garantindo o diálogo com os usuários. É com base nessa observação que o autor justifica como necessário o estudo da participação do usuário integrado à era pós- massiva para se compreender a construção de uma narrativa jornalística a partir da convergência.

É importante destacar que, em grande parte, o debate do espanhol retoma as discussões de André Lemos e Pierre Lévy sobre as mídias interativas na Web 2.0, que mudam a relação comunicacional "um para todos" das mídias massivas para "todos para todos". É também a "aldeia global" proposta por McLuhan e revisitada por Jenkins, mas com um olhar menos perfeccionista.

O mesmo debate é retomado no trabalho "Reemergência do sujeito nas mídias sociais da web 2.0 e a consequente transformação da esfera jornalística", de André Covre (2010). Ele discute a reemergência do sujeito a partir da apropriação de ferramentas interacionais da Web 2.0. Em outras palavras, Covre observa a maneira como os sujeitos aprofundam suas relações com as características de liberdade da linguagem, na medida em que se tornam mais próximos de ferramentas interativas que surgem a partir da união de computador e internet, convergência essa que reformula a esfera jornalística a partir da dialogia.

Covre trata a Web 2.0 como o processo que motivaria o fim da relação mecânica (e de sentido único) ditada pela relação produtor/receptor no jogo comunicativo. Em suas palavras, a

> [...] mensagem não pode ser compreendida apenas como um bloco monolítico de informações pré-datadas, e a relação entre o transmissor e o receptor não pode se dar por um movimento mecânico e de sentido único; por

> isso é necessário construir uma definição de mídia que trabalhe com uma concepção discursiva de linguagem; uma definição que se desligue dos detalhamentos pormenorizados dos conceitos técnicos e ontologizadores (COVRE, 2010, p. 208).

Em sua conclusão, o autor lembra que a relação entre mídia e indivíduos não é mais (e certamente nunca foi) de obediência completa e exclusiva. Nunca o ouvinte, telespectador, leitor ou internauta foi, de fato, meramente receptor da mensagem. No entanto, as pressões sociais e as possibilidades da Web 2.0 permitem que ele se manifeste de forma mais ativa e participe de uma maneira mais decisiva na produção jornalística, criando certa polarização entre os leitores do ciberespaço e do papel, como destaca Ribeiro:

> Na América do Norte, um grupo de pesquisadores da Internet e do hipertexto se destaca, especialmente no *Massachusets Institute of Technology* (MIT): George P. Landow, Michael Joyce, J. David Bolter e Stuart Moulthrop, entre outros. Segundo Cunha (2004), esses pesquisadores têm defendido, principalmente, certa polaridade entre leitores de material impresso e leitores de material digital, de maneira que aqueles seriam mais passivos do que estes, mais "agressivos" (LANDOW, 1997), na lida com os textos (RIBEIRO, 2006, p. 7).

**[O meio-termo entre Lemos e Assange]**

Embora sejam extremamente importantes para a definição conceitual da Web 2.0, como já comentado neste capítulo, os posicionamentos de Lemos com Lévy e Assange apresentam, em suma, visões antagônicas. Contudo, parece extremamente pertinente se ater às visões de libertação/liberação pela palavra e criptografia para se chegar ao "meio-termo" em que o interagente não seja visto como condenado ou salvador, mas como protagonista (ou, pelo menos, importante questionador) dentro de uma nova configuração que se desenha à imprensa. Por isso, a visão de Covre (2010) parece como a medida ideal para ilustrar o real papel que as características da Web 2.0 desempenham dentro do contexto da convergência de mídias, como um dos principais fatores (ao lado do hipertexto) que modificam as linguagens dos veículos tradicionais ao convergi-las na web. É o novo código como ferramenta, ainda que não totalmente segura ou blindada, que permite ao antigo receptor vestir a roupa de autor e/ou coautor, produzindo seus próprios signos e ressignificado as mensagens hegemônicas, rompendo a relação mecânica e de sentido único.

**[Linguagens eletrônicas: rádio e TV]**

Se o hipertexto e a Web 2.0 são os responsáveis por condicionar a convergência de mídias, são os conteúdos do rádio e da televisão, contudo, que servem de matéria-prima para o processo ao unirem-se com o texto do impresso, presente na "tela" desde as bases da *WWW*, quando os portais foram criados como uma mera transposição de seus jornais diários de papel. Dado tal cenário, para que fosse possível o modelo apresentado nos capítulos seguintes, foi necessário recorrer aos manuais clássicos de telejornalismo e radiojornalismo, partindo das definições mais básicas e embrionárias de construção do texto noticioso nessas mídias e trazendo os conceitos para a contemporaneidade observada através de discussões que englobam o contexto de produção na era pós-massiva. O material presente nos próximos tópicos nutre, ainda que de forma menos evidente, os debates sobre convergência no capítulo seguinte e o modelo elaborado para a análise qualitativa, vez que é fundamental retomar reiteradamente as características das linguagens eletrônicas a fim de melhor direcioná-las durante a produção do texto convergente.

*Características do texto na televisão*

<u>Instantaneidade</u>

Ao se escrever um texto jornalístico para a televisão, a primeira noção que o repórter deve ter é de que se trata de um texto para ser falado ou, nas palavras do jornalista estadunidense Ted White, "escrever para a televisão é escrever para os ouvidos, jornais impressos são escritos para os olhos, o que significa que, se o leitor não entender alguma coisa, pode retornar para o parágrafo ou frase anterior e lê-la novamente" (PATERNOSTRO, 2006, p. 77).

A noção apresentada por White passa por uma das principais características predominantes no telejornalismo e na TV: a instantaneidade. Do ponto de vista de planejamento para a produção, isso significa que o 'receptor' deve captar a informação de uma só vez para que o objetivo do jornalista seja concretizado. Ou seja, apesar de soar (e ser) positiva, tal característica traz algumas limitações no que diz respeito à produção e captação do texto.

No entanto, algumas das impossibilidades trazidas pelo instantâneo somem na web. Isso acontece uma vez que, ao incorporar o conteúdo da "telinha" em um portal – e com a TV Digital[xvi] e empresas que oferecem serviços por streaming, como a Netflix ou o Dazn –, a internet permite que o consumidor (agora interagente) modifique e interaja em algum grau com a notícia, assistindo, por exemplo, quantas vezes desejar a todo o vídeo ou apenas a um trecho e bagunçando a lógica de "absorção da mensagem" pregada ao longo de décadas.

Na verdade, tal interação anula a preocupação com a captação instantânea do conteúdo quando se trata de um vídeo jornalístico produzido exclusivamente para a web, eliminando formatos ultrapassados e engessados de reportagem e permitindo uma narrativa "mais solta" – com uma divisão menos rigorosa entre os trechos de uma reportagem (passagem, imagens cobertas, entrevistas com personagens) –, feita para complementar um conteúdo presente na página ou simplesmente para transmitir a notícia completa em uma linguagem mais apropriada aos portais jornalísticos.

No entanto, a mesma instantaneidade ainda provoca pânico naqueles que precisam apenas transportar o material exibido na TV aos portais sem comprometer o sentido da mensagem, já que a linguagem "à moda antiga" pode soar, na maioria das vezes, inadequada, afetando fatores como a temporalidade e profundidade da notícia ao desprezar as nuances do jornalismo na web.

O que acontece nesse caso [da instantaneidade] – assim como em tantos outros no jornalismo – é uma questão de escolha e edição: o texto para a reportagem em vídeo pode ter versões diferentes para web e TV; pode ainda criar uma linguagem que atenda ambos; ou pode seguir o que tem sido senso comum e apenas "transportar" o material que foi ao ar em uma emissora para o portal. Contudo, é importante destacar, segundo lembra Carlos D'Andréa (2011) em "TV + Twitter: reflexões sobre uma convergência emergente", que tal mudança, principalmente nas transmissões de grandes eventos – tradicionalmente realizadas ao vivo –, pode esvaziar a experiência desejada pelos consumidores da informação, ainda que permitindo novas formas de experiência, próprias da era pós-massiva:

> Acreditamos que a transmissão ao vivo de eventos de caráter jornalístico (ou de entretenimento) explora

algumas das características fundadoras desse meio massivo, como a imposição de um horário à sua audiência em nome de uma experiência coletiva. Assistir a um debate e, principalmente, a um jogo gravado, ainda que seja tecnicamente cada vez mais fácil, é um ato que esvazia toda experiência de se acompanhar o evento, mesmo que geograficamente separado, simultaneamente aos interlocutores da vida cotidiana e a milhões de outros interessados no tema (D'ANDRÉA, 2011, p. 46).

<u>Sonoridade</u>

Em "O Texto na TV", Vera Íris Paternostro (2006) lembra que a intenção de repórteres e jornalistas, independentemente do meio de comunicação, deve ser sempre a mesma: informar. "O que é diferente é a forma de transmitir a informação" (PATERNOSTO, 2006, p.77), destaca a autora. No entanto, o fato de uma construção textual precisar "ser falada" traz uma preocupação extra para os profissionais da televisão: a sonoridade. É necessário escrever pensando no resultado daquele texto quando lido em voz alta e, para realizar tal tarefa, duas características surgem como fundamentais para a construção da narrativa: frases curtas e pontuação. Paternostro lembra que uma série de frases "dá um sentido de ação à notícia e passa a informação sem rodeios" e a pontuação "dá embalo ao texto" (PATERNOSTRO, 2006, p.81), já que uma dose correta de "vírgula, dois pontos, reticências" ajuda na respiração do locutor e na compreensão.

Entre as principais exigências para um texto de qualidade para o telejornalismo, esta é, talvez, a única que não devesse sofrer profundas mudanças no contexto da convergência, porém, é uma das mais prejudicadas, principalmente quando é produzida uma reportagem em vídeo por um profissional da web. Isso acontece, entre outros fatores, por causa da multiplicação das funções que são exigidas de um repórter no contexto da convergência, impedindo que ele trabalhe com clareza o quesito da sonoridade ao escrever, por exemplo, um *stand up*[xvii] para a internet.

Texto associado às imagens

Uma das grandes preocupações em relação à linguagem dentro do telejornalismo é fazer com que texto, sons e imagem caminhem juntos, sem que seja estabelecida uma competição entre eles. É muito comum, porém, notar casos de redundância e paralelismo, respectivamente, quando o texto não repete exatamente o que a imagem está mostrando e quando texto e imagem caminham paralelamente sem se complementar. Evitar um texto descritivo ajuda em tal tarefa, que fica ainda mais complexa na web, já que podem "concorrer" entre si o texto que cobre as imagens, as próprias imagens e o texto que acompanha o vídeo incorporado ao portal. É a repetição de conteúdos, contrariando os conceitos de justaposição e integração, pregados por Salaverría e Massip *et al.* (2010), conforme se discute no capítulo seguinte deste livro.

Em artigo apresentado no I Encontro Nacional de Pesquisadores de Jornalismo, Iluska Coutinho (2003) destaca o "amarramento" necessário entre sons, imagens e texto na TV:

> No jornalismo de televisão os códigos de imagens, texto e sons não se somariam, mas constituiriam uma espécie de "amálgama" que teria como diferença em relação ao cinema, meio do qual para muitos a TV seria tributária, o fato de se constituir em uma narrativa do cotidiano, com uma imagem do presente (COUTINHO, 2003, p. 4).

De fato, como lembra Arbex Júnior (2001), as imagens são a grande arma para o show da televisão, que segue em posição de destaque entre as mídias, por isso a importância de trabalhá-las complementarmente ao texto:

> [...] a televisão, com o seu aparato tecnológico cada vez mais aperfeiçoado, reivindica para si a capacidade de substituir com vantagem o olhar do observador individual. Diversas câmeras postadas em lugares distintos podem captar um número maior de imagens – ou a mesma imagem segundo vários ângulos -, com muito mais detalhes e maior precisão do que é facultado ao observador individual (ARBEX JÚNIOR, 2001, p.34).

<u>Linguagem coloquial correta</u>

Paternostro (2006) chama a atenção para o uso da linguagem coloquial nos textos de TV. Ela lembra que quanto mais as palavras ou o texto forem familiares ao telespectador, mais clara ficará a informação e maior será o grau de comunicação.

> As palavras e as estruturas das frases devem ser o mais próximo possível de uma conversa. Devemos usar palavras simples e fortes, elegantes e bonitas, e

apropriadas ao significado e a circunstância da história que queremos contar. Estamos falando de um texto simples, mas não de um texto pobre ou vulgar; estamos falando de um texto natural e não de um texto "rebuscado" ou literário (PATERNOSTRO, 2006, p. 95).

Para atingir tal meta, a elaboração de frases diretas (sujeito + verbo + predicado) ajuda na clareza. "É melhor colocar ponto final e explicar na frase seguinte. Não é limitação de estilo, é clareza" (PATERNOSTRO, 2006, p. 96). Quem faz coro às orientações de Vera Íris Paternostro é Heródoto Barbeiro que, ao lado de Paulo Rodolfo de Lima, sentencia no famoso "Manual de Telejornalismo":

> O texto jornalístico, seja em veículo impresso ou eletrônico, deve ser claro, conciso, direto, preciso, simples e objetivo. São normas universais, de absurdo consenso em TV, rádio, Internet, jornal ou revista. Algumas regras, no entanto, devem ser seguidas em cada veículo para que a missão de conquistar o telespectador, ouvinte ou leitor seja alcançada (BARBEIRO, LIMA, 2002, p. 95).

De fato, Barbeiro e Lima (2002) estão corretos. Seja qual for o meio de comunicação, um bom texto é a pedra-fundamental do processo. No entanto, as peculiaridades das mídias fazem que um texto da televisão não seja bom para o jornal impresso e vice-versa. Então, a indagação que surge é: e para a internet, eles são bons em um contexto de convergência? E o texto do rádio, é bom para a web?

*Características do texto no rádio*

Quando consideradas apenas as *hard news* (notícias quentes, factuais, de "última hora"), o texto radiofônico é o que mais se aproxima da web, já que a instantaneidade que a entrada ao vivo no rádio exige é muito próxima da velocidade que os portais tentam impor, produzindo textos curtos, em ordem direta (assim como na televisão) e apenas com as informações básicas, recorrendo, muitas vezes ao "aguarde mais informações" (GONZAGA-PONTES, 2012). Se por um lado a chance é única para que o leitor consuma a informação (o que aproxima o veículo da TV), por outro não há imagem e o tom descritivo, quase sempre sem aspas, se aproxima bastante do que é produzido nos portais de notícia. No mais, o fato de ser um texto falado faz com que o rádio tenha – com exceção, obviamente, das imagens – as mesmas características da televisão (discutidas no tópico anterior), entre as quais, destacam-se, segundo Barbeiro (2003), a atenção com a pontuação, as frases mais curtas, o cuidado com as rimas e os cacófatos[xviii], o cuidado com o uso de pronomes demonstrativos, a preferência por frases no singular e a identificação clara de locais durante a construção do texto, que precisa ser muito mais descritivo, visando amenizar a ausência de imagens.

Vale destacar, por fim, que o texto no rádio traz uma última característica muito próxima ao texto da televisão: a necessidade de uma interpretação no momento da leitura (ato teatral nas palavras do professor Mozahir Salomão Bruck[xix]). Segundo nos alerta Humberto Eco (1979), a ideia é criar uma empatia/proximidade com quem está recebendo a mensagem e passar o tom de tristeza ou alegria do fato, criando uma falsa sensação de interação com o público.

> Singular situação de quem se presta para um contato com o real bruto, e assimila ao contrário, um real humanizado, filtrado e feito argumento. [...] Fácil veículo de fáceis sugestões, a TV é também encarada como estímulo de uma falsa participação, de um falso sentido do imediato, de um falso sentido de dramaticidade [...] a presença agressiva de rostos que nos falam em primeiro plano, em nossa casa, cria a ilusão de uma relação de cordialidade, que, com efeito, não existe (ECO, 1979, 335-343 *in* COUTINHO, 2003, p.4).

# Capítulo II_

## *...notas teóricas para compreender – e construir – uma linguagem convergente.*

Conforme destacado na Introdução, a convergência de mídias é uma ação presente na mentalidade e nas ambições empresariais dos grandes grupos brasileiros de comunicação. Contudo, apesar de figurar, ainda que na forma de discurso, na rotina diária das redações jornalísticas, tal processo é observado de maneira muito simplificada e superficial pelos profissionais do jornalismo, sendo reduzido, na maioria das análises, a uma mera sinergia nas tarefas realizadas (e isso pouco mudou dos primórdios do processo até este caótico 2020).

Entre as simplificações feitas pelos jornalistas é comum, por exemplo, associar o êxito futuro da convergência à construção de um novo modelo de *newsroom* que consiga incorporar os setores que atuam nas diversas etapas de produção da notícia para diferentes veículos. Também é muito comum interpretar o processo em sua totalidade como mera evolução tecnológica ou a simples integração de redações (GONÇALVES, 2012).

Fato é que, mesmo entre os estudiosos, não existe consenso em torno de uma definição única para convergência de mídias, nem é conferido qualquer protagonismo à observação da união de linguagens no processo (CORRÊA; CORRÊA, 2007; SALAVERRÍA; NEGREDO, 2008; JENKINS, 2009; BARBOSA, 2009; RODRIGUES, 2009; MASSIP, *et al.*, 2010; ZILLER, 2011). Mais do que propriamente por um debate conceitual, essa divergência acontece por causa do já citado caráter multifacetado do processo.

> A convergência jornalística é um processo multidimensional que, facilitado pela implantação generalizada das tecnologias digitais de telecomunicação afeta o âmbito tecnológico, empresarial e editorial dos meios de comunicação, proporcionando uma integração de ferramentas, espaços, métodos de trabalho e linguagens anteriormente separadas, de forma que os jornalistas elaboram conteúdos que se distribuem através de múltiplas plataformas, de acordo com as linguagens próprias de cada uma (SALAVERRÍA; NEGREDO, 2008, p. 45, tradução minha).

O caminho mais usual para se chegar próximo de um conceito mais aceito de convergência de mídias tem sido seguir a teoria de Henry Jenkins e tratar o processo como uma mudança cultural, sendo essa apenas parte de uma transformação ainda maior e global. No entanto, o teórico estadunidense encontra nas pesquisas do espanhol Ramón Salaverría um pertinente contraponto, uma vez que este tenta aproximar as definições do termo para a realidade do jornalismo, deixando em segundo plano as transformações culturais.

> Autores como Henry Jenkins, por exemplo, têm observado que, na realidade, a convergência jornalística nada mais é do que uma manifestação particular de outro grande processo sociocultural de convergência em escala mundial que tem se chamado de "globalização". No entanto, parece que chegar a uma definição tão geral seria pouco útil e produtivo. O jornalismo necessita uma aproximação mais combinada e precisa aos meios de comunicação (SALAVERRÍA; NEGREDO, 2008, p. 45, tradução minha).

Dessa forma é pertinente confrontar as publicações de ambos (assim como de seus antecessores, como Marshall McLuhan, e daqueles que os estudam e acompanham, como Samuel Negredo), a fim de buscar conceitos mais sólidos e bem recortados para o modelo que sustenta a análise qualitativa proposta.

**[Estudos de Salaverría e Negredo]**

Há mais de uma década o fenômeno da convergência de mídias serve de alento e, ao mesmo tempo, assombra jornalistas e empresas de comunicação em todo o planeta. Esta relação ambígua, de medo e esperança, nada mais é que o fruto das novas possibilidades criadas com a internet para o "fazer jornalístico", sobretudo a partir da Web 2.0. É a linha tênue entre o que pode ser o futuro do Jornalismo e, também, o decreto de extinção de alguns de seus principais veículos, ou, numa perspectiva mais revolucionária, de uma era inteira da imprensa. Entendê-la (esta tênue relação) talvez seja a melhor definição para a essência do trabalho de Ramón Salaverría, que junto com Samuel Negredo viajou pelas Américas do Sul e do Norte, além da Europa, observando de perto os acertos e equívocos em oito redações onde se tentou unir em um só ambiente – físico, tecnológico, intelectual e de linguagem – atividades jornalísticas com características de produção, suportes, públicos e linhas editoriais tradicionalmente distintos. Os estudos e observações estão reunidos no livro *"Periodismo integrado: convergencia de medios y reorganización de redacciones"*, de 2008.

Ao lado do pesquisador estadunidense Henry Jenkins, Ramón Salaverría aparece como um dos principais estudiosos da convergência de mídias no planeta. No entanto, ao contrário do colega, o espanhol apresenta uma visão mais apocalíptica do processo, justificando na maioria das vezes com números e cifras publicitárias o medo que os jornalistas têm da revolução digital e do fim de alguns veículos, como é possível perceber no exemplo a seguir (que traz uma lista que certamente seria muito mais ampla uma década depois: vide o encerramento das edições impressas de jornais diários tradicionais como "A Gazeta, no Espírito Santo):

> A conta dos jornais norte-americanos nos últimos tempos começa a ser elevada: The New York Sun,

> Kentucky Post, Cincinnati Post, King Country Journal, Union City Register-Tribune, Capital Times, Halifax Daily News, Albuquerque Tribune, South Idaho Press... Outros jornais diários, como o Christian Science Monitor, abandonaram a edição impressa – com exceção dos sábados – e mantêm o foco na rede (SALAVERRÍA; NEGREDO, 2008, p. 25, tradução minha).

Embora este estudo aborde uma visão diferente daquela trazida por Salaverría e foque na linguagem convergente, deixando de lado as cifras e as não menos importantes questões trabalhistas, a obra do espanhol é de inquestionável importância para a sua realização, uma vez que ao fazer um estudo dos principais casos de convergência ao redor do globo, o pesquisador trouxe noções de convergência jornalística muito mais completas e bem estruturadas do que aquelas experimentadas por Jenkins. Antes de tratá-la como um processo cultural, o autor se preocupa em mostrar como o processo de convergência atua na transformação das linguagens jornalísticas tradicionais, uma vez que a internet consegue reunir características como a interpretação do impresso, a imediatez do rádio e o entretenimento da televisão.

É Salaverría, também, quem aponta pela primeira vez uma lista com diferentes níveis de convergência, ao estudar o exemplo do *Tampa News Center*, na Flórida (EUA). O teórico aponta sete níveis (Quadro 1) que foram atravessados na redação, que vão do compartilhamento de dados e recursos humanos até a apresentação dos diferentes suportes com uma só identidade e com os mesmos mecanismos de resposta para o cidadão, sendo este último (tido como o 7º nível), o que mais interessa no modelo aqui proposto.

**Quadro 1. Níveis de convergência.**

| Níveis de convergência experimentados no *Tampa News Center* | |
|---|---|
| **Nível 1** | Compartilhamento de dados e contatos entre os jornalistas |
| **Nível 2** | Integração da TV com repórteres do impresso, com entradas ao vivo por telefone |
| **Nível 3** | Repórteres fotográficos atuando também como cinegrafistas |
| **Nível 4** | Repórteres fotográficos atuando também como cinegrafistas |
| **Nível 5** | Repórteres fotográficos atuando também como cinegrafistas |
| **Nível 6** | Repórteres fotográficos atuando também como cinegrafistas |
| **Nível 7** | Repórteres fotográficos atuando também como cinegrafistas |

**Fonte:** Elaboração própria a partir de Salaverría e Negredo (2008). Níveis de convergência pelos quais passou a primeira redação a implementar o processo no globo.

Dada riqueza do estudo realizado pelos espanhóis, principalmente no *Laboratorio de Comunición Multimedia* (MMLab), da *Universidad de Navarra*, a pesquisa que embasa este livro trabalhou dentro dos princípios do paradigma convergente mais amplo que é proposto por Henry Jenkins, mas sempre recorrendo aos exemplos e definições conceituais de Salaverría. Em outras palavras, seguindo uma corrente teórica alinhada ao pesquisador estadunidense, mas sem deixar de lado a rica contribuição conceitual da corrente espanhola (e aqui podemos citar além de Salaverría e Negredo, os espanhóis Pere Massip e Xosé Lopéz), que surge como indispensável a este e qualquer outro debate proposto sobre o tema.

**[Em busca de definições]**

Em busca de uma definição sobre o tema, Salaverría e Negredo (2008) lembram que, primeiramente, a convergência de mídias é um processo e, como tal, é gradual e paulatino. "Não existe nenhum só exemplo no mundo de grupo jornalístico que tenha passado, sem um projeto de continuidade, da absoluta descoordenação entre seus meios à plena integração" (SALAVERRÍA; NEGREDO, 2008, p. 46, tradução livre).

Conforme já mencionado, ao contrário de Henry Jenkins, que opta por estudar a convergência como um processo prioritariamente cultural, os espanhóis optam por esgotar todas as possibilidades de estudo sobre o tema e defendem que o mesmo se repita nas redações jornalísticas, uma vez que, dado o caráter multifacetado do processo, pouco adiantaria praticá-lo apenas em uma de suas vertentes. "De nada serve, por exemplo, esforçar-se em integrar os conteúdos de um jornal impresso com sua edição digital se, anteriormente, não se tiver reorganizado de forma correta a equipe de jornalistas" (SALAVERRÍA; NEGREDO, 2008, p. 46, tradução livre).

Para ilustrar a reorganização necessária para a realização da convergência de mídias, Salaverría e Negredo comparam o processo com a regência de uma orquestra, que precisa coordenar diferentes conjuntos de instrumentos (corda, metal, percussão) para conseguir um som harmônico. No caso do processo jornalístico, seriam quatro os conjuntos principais a serem "regidos": tecnológico, empresarial, profissional e editorial.

*Dimensão tecnológica*

A esfera tecnológica corresponde às ferramentas e sistemas de produção e difusão do conteúdo. Conforme supracitado, esse conjunto engloba, na visão dos jornalistas, o que de melhor pode definir a convergência de mídias

(GONÇALVES, 2012). De fato, o desenvolvimento de novas tecnologias é ator fundamental no processo, ainda que não seja o único. Os teóricos espanhóis lembram que o vertiginoso avanço das tecnologias multimídia tem colocado os jornalistas com ferramentas de produção cada vez mais semelhantes. Já é comum que processadores de texto e programas de edição de vídeo e áudio, por exemplo, compartilhem as mesmas plataformas, de maneira que, independentemente do meio em que trabalhem, os profissionais se acostumem com as interfaces, conseguindo editar e produzir se necessário, em diferentes suportes e para diferentes veículos.

Na prática, considerando a convergência que acontece nos portais, a tecnologia atinge diretamente a linguagem. Salaverría e Negredo (2008) citam a pesquisa do colega García Avilés para lembrar que "se na etapa analógica cada meio e cada suporte se centrava em um conteúdo específico para as suas linguagens correspondentes, agora a convergência propicia o intercâmbio e a combinação dos conteúdos de uns meios com os outros" (SALAVERRÍA; NEGREDO, 2008, p. 47, tradução minha).

*Dimensão empresarial*

No que diz respeito ao ponto de vista empresarial, o processo de convergência nada mais é do que a etapa final de uma transformação muito mais ampla, iniciada há mais de 25 anos pelos grupos comunicacionais, com o intuito de diversificar suas áreas de atuação em busca da liderança. Com a concretização da convergência de mídias, o que muda é somente o veículo que desempenha o papel de protagonista nas empresas, como sugere o esquema elaborado por Salaverría e Negredo (2008) com uma previsão que se concretizou na última década:

**Figura 1. Esquema de integração de mídias.**

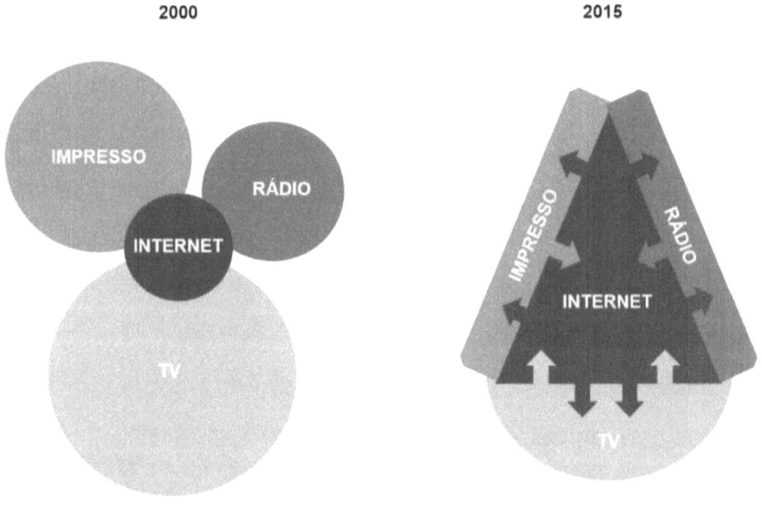

**Fonte:** Elaboração própria a partir de Salaverría e Negredo (2008). Enquanto nos anos 2000, a internet exercia o papel de integrar os outros veículos, com a concretização da convergência de mídias ela passa a ser protagonista no processo na segunda década deste milênio (Adaptado de SALAVERRÍA; NEGREDO, 2008).

*Dimensão profissional*

A terceira esfera citada por Salaverría e Negredo (2008) é a profissional, ou seja, a que envolve diretamente o trabalho e as funções do jornalista. O chamado "profissional convergente" tem se enquadrado de maneira crescente no perfil polivalente, desempenhando funções que antes eram divididas entre apuradores, repórteres, fotógrafos, diagramadores, redatores, editores, entre outros. No entanto, tal sinergia no trabalho não é nova e vem ganhando corpo ao longo da última metade de século, como se pode notar no quadro elaborado por Ramón Salaverría:

**Quadro 2. Mudanças nas funções dos profissionais.**

| Funções obrigatórias (o) e possíveis (x) do repórter do impresso. | | | | | | |
|---|---|---|---|---|---|---|
| | 1960 | 1970 | 1980 | 1990 | 2000 | 2010 |
| Reportagem | o | o | o | o | o | o |
| Redação | X | o | o | o | o | o |
| Edição | | | X | o | o | o |
| Documentação | | | X | o | o | o |
| Planejamento | | | | X | o | o |
| Fotografia | | | | | X | o |
| Edição fotográfica | | | | | X | o |
| Gravação de | | | | | | o |
| Edição de vídeos/áudios | | | | | | X |
| Locução de vídeos/áudios | | | | | | X |

**Fonte:** Elaboração própria a partir de Salaverría e Negredo (2008). Tarefas dos jornalistas foram multiplicadas, sobretudo a partir dos anos 2000 (SALAVERRÍA; NEGREDO, 2008).

Tal característica, segundo os pesquisadores, tem levado ao surgimento de dois tipos de polivalência entre os jornalistas: a funcional e a midiática.

Peguemos o exemplo de um repórter apurador, responsável por descobrir e repassar as primeiras informações sobre uma notícia factual. Na polivalência funcional, este jornalista se adapta às necessidades impostas pela empresa, aprendendo a editar vídeos, por exemplo, e passando a desenvolver as duas funções. No caso da polivalência midiática, a convergência acontece mais em relação aos meios. O mesmo profissional se especializa em produzir o conteúdo para diferentes mídias, fornecendo o material sobre um mesmo assunto para o rádio, a televisão e a web. Vale destacar que esse último caso é cada vez mais comum entre os *freelancers*, que se especializam em determinados assuntos para cobri-los para diferentes veículos.

**ALERTA!** Faz-se fundamental, porém, ponderar que toda essa lógica relacionada com a dimensão profissional é, também, perversa e fruto de uma crise mais ampla do próprio sistema capitalista que, incapaz de uma autosustentação, transfere a responsabilidade por suas debilidades para os profissionais de vários segmentos que precisam se adaptar às novas "competências" necessárias para seguir no mercado (que ao fim são as escoras necessárias para que todo o mercado não desmorone). Em outros termos, as "crises" do sistema produtivo nunca significam uma queda no lucro nos oligopólios da mídia, vez que, via de regra, se preservam os ganhos (a *mais valia*) através do acúmulo de funções. E os velhos coronéis da imprensa tupiniquim, travestindo a precarização do trabalho e o acúmulo de tarefas de "convergência midiática", têm sabido fazer esse jogo como ninguém. Fica o alerta e a reprovação.

*Dimensão dos conteúdos*

A última esfera citada por Salaverría e Negredo (2008) – a de maior interesse neste livro – se refere aos conteúdos. Os pesquisadores espanhóis lembram que, em uma definição mais básica, pode-se considerar como convergência a difusão do mesmo conteúdo em diferentes meios ou a reunião de diferentes conteúdos em um único meio. No entanto, eles fazem coro com um dos pressupostos que justificam este livro e lembram que tal fenômeno configura apenas a produção multimidiática. Ao conteúdo convergente, eles propõem uma explicação "mais avançada":

> Corresponde a criação de uma linguagem jornalística derivada da combinação de textos, sons e imagens fixas e em movimento. Essa nova linguagem, explorada, sobretudo, pelos veículos de internet, seria algo como um ponto em que se amarram as heranças genéticas do jornalismo escrito por um lado e do jornalismo

audiovisual por outro (SALAVERRÍA; NEGREDO, 2008, p. 50, tradução minha).

**[Integração e a convergência de mídias]**

Dentro das redações jornalísticas, é comum o emprego indiscriminado do termo "integração" como sinônimo de convergência de mídias. Contudo, conforme salientam Salaverría e Negredo (2008), os termos se referem a possibilidades diferentes.

É preciso lembrar (mais uma vez!) que a convergência é um processo, ou, em uma definição dicionarizada, são duas ou mais linhas que caminham para um mesmo ponto. A consequência disso, para os pesquisadores, é de que a convergência sempre será um processo inacabado. Já o conceito de integração surge na interseção das linhas que convergiam, ou seja, do ponto de vista da teoria jornalística, integração nada mais é do que o resultado possível da convergência de mídias.

A confusão de definições citada acima surge como grande risco às empresas jornalísticas. Isso acontece uma vez que o êxito da convergência é associado à simples integração de redações, desconsiderando as demais etapas do processo e empobrecendo o conteúdo jornalístico com a fusão mal estruturada de equipes. Ao passo que o reconhecimento da qualidade pelo público é um processo de longo prazo, os efeitos da falta de qualidade são reconhecidos em curto prazo e fazem com que a economia de dinheiro com a união de equipes e processos produtivos logo se transforme em prejuízo. "As empresas jornalísticas que conjugam o verbo 'integrar' redações como simples eufemismo de 'dizimar' redações têm problemas que as aguardam assim que dobrarem a esquina" (SALAVERRÍA; NEGREDO, 2008, p. 51, tradução minha). Por isso o subtítulo deste livro. É preciso se atentar para não jogar o seu conteúdo e a sua produção jornalística no lixo.

Para conseguir chegar com sucesso à integração, fruto do processo convergente, alguns passos são fundamentais, com uma transformação que comece das instâncias superiores até chegar à redação. Trata-se de uma sequência de etapas que modifiquem com qualidade a rotina de produção, sendo o surgimento do produto jornalístico consequência dessa mudança. No entanto, é preciso lembrar que essa não é a única possibilidade:

> A convergência é como um trem: o final do trajeto está marcado por uma estação chamada integração. No entanto, como em qualquer linha férrea, antes desta estação final, a linha dispõe de paradas anteriores. Cada grupo de jornalismo, em função de suas peculiaridades e objetivos, é que deve determinar em qual dessas paradas vai apear seu trem (SALAVERRÍA; NEGREDO, 2008, p. 52, tradução minha).

Em outras palavras, a convergência é inevitável, a integração não, afinal seu trem pode descarrilar.

## [O conceito de cross-media: multiplataforma ou XMA]

Pensando *cross-media* como sinônimo de conteúdo multiplataforma, chegamos a um significado que nos salta aos olhos, designando todos os aspectos relacionados com a produção, a difusão e o consumo dos conteúdos através de diferentes meios que fazem parte de determinado grupo comunicacional. Dessa forma, nos alertam Salaverría e Negredo (2008), quando se fala em produção jornalística multiplataforma, XMA ou *cross-media*, se alude aos processos tecnológicos e editoriais que orientam a produção de conteúdos para o posterior consumo através de múltiplos meios ou dispositivos de recepção.

Tal processo foi facilitado pelo grande avanço das tecnologias que permitem que um mesmo conteúdo tenha cópias distribuídas simultaneamente em diferentes meios digitais, como para computadores ou dispositivos móveis, sem grandes dificuldades. Além do mais, o mesmo conteúdo ainda pode ser trabalhado pelos meios "clássicos", ainda que sem o mesmo caráter simultâneo.

No que diz respeito ao âmbito editorial, o de maior interesse para esta pesquisa, a estratégia do *cross-media* traz uma finalidade que, se bem trabalhada, pode ser de grande valia para os grupos jornalísticos. Trata-se de evitar a descoordenação de informações entre os veículos de uma mesma empresa, sempre muito prejudicial, propiciando, ao contrário, uma complementaridade que gere um "efeito grupo". Dessa forma, em um plano ideal, os veículos produziriam conteúdos que se complementassem, reforçando a cobertura sobre determinado evento que seja de interesse da empresa.

A característica citada acima leva o *cross-media*, ainda, a outro objetivo: a diversificação de audiências e a aproximação entre o jornalismo e os negócios das telecomunicações. Trata-se de uma fusão do tradicional modelo de distribuição do jornalismo (um para todos) com o modelo desenvolvido pelas telecomunicações (um para um). Tal possibilidade acontece graças às peculiaridades e possibilidades tecnológicas da Web 2.0, como retratado no Capítulo I deste livro.

**[Multimidialidade]**

Multimidialidade nada mais é do que a possibilidade de produzir conteúdos multimidiáticos, como vídeos, textos, fotos, áudios e gráficos. Como ressaltado ao longo deste livro, assim como acontece com o conceito de integração, a produção de um conteúdo multimídia também é comumente confundida com o todo da convergência de mídias. Porém, é justo reconhecer que é essa característica (ao lado da hipertextualidade e da interatividade, como dito no Capítulo I) a responsável por conferir protagonismo aos veículos de internet dentro do processo convergente.

Comumente confundida com *cross-media*, a multimidialidade se aproxima mais do objeto de estudo que deste livro, uma vez que se refere à combinação de conteúdos e linguagens, enquanto a XMA se refere à combinação de meios e suportes.

Vale ressaltar que, embora a multimidialidade seja uma característica inerente à web, que consegue combinar textos, fotos e vídeos sem maiores dificuldades, outros meios, como o impresso e a TV também podem ser considerados multimidiáticos, ao combinarem textos e imagens, por exemplo.

Tal aspecto surge como inviável apenas no rádio, incapaz de, pela forma clássica de transmissão, apresentar conteúdos textuais ou imagéticos.

O quadro 3, apresentado na próxima página, sintetiza as principais diferenças entre os meios de comunicação em suas formas clássicas de distribuição (mais uma vez: aqui desconsideramos as possibilidades do rádio e da TV digital, que subvertem esse cenário).

## Quadro 3. Diferenças entre meios na prática convergente.

| Comparação de possibilidades expressivas no impresso, no rádio, na TV e nos meios *online* | | | |
| --- | --- | --- | --- |
| | Impresso | Rádio | TV | *Online* |
| Hipertextualidade | **Baixa** (artigos relacionados em páginas) | **Nenhuma** | **Nenhuma** | **Alta** (navegação hipertextual) |
| Multimidialidade | **Baixa** (combinação estática de textos e imagens) | **Nenhuma** (apenas o som) | **Alta** (combinação dinâmica de imagens, sons e breves textos) | **Alta** (combinação dinâmica de imagens, sons e todos os tipos de textos) |
| Interatividade | **Baixa** (cartas/e-mails e conteúdos sugeridos por leitores) | **Média** (intervenções telefônicas com participação direta dos ouvintes) | **Média** (intervenção telefônica dos telespectadores e participação por mensagens) | **Alta** (navegação é dirigida pelo leitor / diálogo entre o leitor e o jornalista) |

**Fonte:** Elaboração própria a partir de Salaverría e Negredo (2008). Hipertextualidade, multimidialidade e interatividade colocam portais como protagonistas no contexto convergente.

### [Convergência é fator necessário]

Como dito, o que tem sido comum nas redações é a imposição da multimidialidade como responsável pela convergência. Porém, segundo Salaverría e Negredo (2008), o processo deve ser observado exatamente da forma contrária. Apenas quando as empresas colocam seus fluxos de produção para internet, TV, rádio e impresso em conjunto e possibilitam o compartilhamento entre conteúdos é que a multimidialidade acontece de forma mais viável, sendo o oposto tão perigoso para o empobrecimento do conteúdo quanto a visão equivocada de integração, citada anteriormente. Destarte, a "[...] convergência é a condição necessária para o desenvolvimento da multimidialidade", (SALAVERRÍA; NEGREDO, 2008, p. 56, tradução minha).

**[Escalabilidade]**

O conceito de escalabilidade, apresentado por Salaverría e Negredo (2008), se refere à propriedade de um sistema ou rede de crescer de maneira fluida ou de conseguir oferecer mais serviços (conteúdos) sem perder a qualidade. De certa forma, a expressão se assemelha ao conceito de adaptabilidade, incorporando a noção de tamanho. Seria algo como a propriedade das empresas jornalísticas de conseguir se adaptar ao constante crescimento da audiência e à constante multiplicação das possibilidades multimidiáticas e interativas.

No que diz respeito ao conteúdo, a necessidade de seguir a escalabilidade pode trazer resultados negativos para a qualidade editorial, uma vez que a multiplicação de tarefas com o constante crescimento da web acaba por sufocar os profissionais entre funções que surgem diariamente, ficando fatores essenciais ao bom jornalismo, como o texto correto e completo ou a apuração dedicada e profunda, por exemplo, prejudicados.

Nas palavras do ex-vice-presidente de operações digitais do grupo *New York Times* e professor da *Boston University*, Martin Nisenholtz, escalabilidade é ter a capacidade de crescer em usuários, ferramentas e oferta de conteúdos, mantendo ou incrementando a qualidade editorial.

**[Shovelware]**

*Shovel* é a o substantivo em inglês para "pá". E *shovelware* não é nada além do que compartilhar conteúdo com uma pá, seguindo a mecânica que ela nos permite: em larga escala, mas com pouquíssima ou nenhuma organização, de forma "jogada", "largada", correndo o risco de mandar nosso conteúdo efetivamente para o lixo (ora, e não é essa uma das funções da pá?).

O brasileiro Rosental Camon Alves, professor da *The University of Texas at Austin*, explica que *shovelware* foi o nome criado nas redações *online* americanas para definir o material preparado para um meio tradicional (TV, rádio, impresso) e publicado do mesmo jeito na Internet, com pouco ou nenhum retrabalho. Segundo Salaverría e Negredo (2008), tal fenômeno nada mais é do que "derrubar informação de forma indiscriminada", colocando as empresas contra seu próprio prestígio ao mecanizar um processo e passar aos usuários a clara sensação de que estão recebendo o conteúdo de uma máquina.

Com isso, o que se vê são fotografias importantes mutiladas pelo enquadre automático, reportagens cortadas por causa de uma quebra de página, parágrafos repetidos, dezenas de caracteres estranhos e códigos indevidos (se assemelhando a erros ortográficos), entre outros equívocos cometidos pelos boots (e, em tempos de fake news, identificá-los a partir das tags "perseguidas" ficou ainda mais fácil).

Na maioria das vezes, os próprios interagentes atuam corrigindo a informação publicamente (no espaço dos comentários, por exemplo) ou de forma particular, através de e-mail ou mensagem ao portal, mas isso não reduz o impacto que uma rotina de *shovelware* traz para a imagem do veículo de comunicação. Afinal, em outras palavras, *shovelware* é publicar à revelia, sem seleção nem adaptação para o suporte. Seria como usar essa pá (*shovel*) para pegar a pilha de informações do impresso, por exemplo, e descarregá-las, sem trato ou cuidado algum, na web. Tal processo se amplia com o surgimento diários de novas tecnologias *mobile*, uma vez que o *shovelware* começa a se repetir com os conteúdos produzidos para *desktops* que são replicados sem tratamento ou adequação em *smartphones* e *tablets* com diferentes sistemas operacionais (para ilustrar: a formatação de um site em Android pode não funcionar de forma semelhante no iOS e certamente será diferente daquela programada para o Windows; da mesma forma um e-book publicado em formato PDF não é plenamente adequado ao Kindle e pode apresentar falhas ao ser lido em *tablets*, dependendo das escolhas de fontes e recursos visuais no documento).

No que diz respeito ao papel do jornalista dentro deste processo, quando não é totalmente automatizada, a tarefa do profissional se limita ao trabalho de "copiar e colar", que não tem nada de editorial. Trata-se apenas de uma redução de custos que resulta em um produto idêntico ao anterior e com deficiências graves na nova plataforma.

> A equação parece clara, de uma lógica esmagadora: quanto mais conteúdos, mais visitas, especialmente através de buscadores. Mas oferecer quantidade a qualquer preço nunca deveria ser o objetivo de uma empresa de jornalismo. Existem várias soluções para eliminar o indesejável *shovelware* do fluxo de trabalho (SALAVERRÍA; NEGREDO, 2008, p. 58, tradução minha).

**[Repurposing: alteração de propósito]**

*Repurposing* em certo grau se assemelha com o *shovelware*, já que, de fato, também define a transposição de uma matéria de jornal impresso ou de TV, por exemplo, para o meio *online*. No entanto, o *repurposing* supõe que seja feita uma otimização do conteúdo transposto com o uso de todas as possibilidades comunicativas da nova plataforma. Neste livro, o termo será substituído pela expressão "alteração de propósito", que melhor traduz o sentido do termo lançado por Salaverría e Negredo (2008).

No caso dos portais de notícia, a alteração de propósito pressupõe, ao adaptar uma reportagem do impresso, por exemplo, que essa seja editada com parágrafos mais curtos, palavras ou ideias destacadas em negrito, links, imagens cortadas com critérios "humanos", uma galeria de imagens com o material que não coube no papel, possibilidades de compartilhamento e interação, entre outros artifícios. O mesmo deve acontecer com um vídeo, por exemplo, que, se não for corretamente manipulado para a web pode perder contexto, referências temporais, entre outros.

A excelência da alteração de propósito, no entanto, está relacionada com o planejamento da notícia desde sua concepção, de modo que seja pensada em conjunto, adequando-se aos benefícios oferecidos por cada suporte. No caso da web, o desafio é imaginar como passá-la da forma mais completa possível ao interagente, pois é este que exerce protagonismo dentro do contexto convergente.

**[Modalidades de convergência]**

*Convergência a dois (papel + TV)*

A dita convergência a dois é o modelo de convergência mais praticado no mundo, com a associação entre o jornal impresso e o portal. Nesses casos, o mais comum é tratar o processo como uma formalização da relação já existente entre as redações. Apesar disso, no novo contexto multimidiático, cada vez mais o portal tende a se afastar do modelo de "resumo do impresso", investindo em recursos que atraiam os interagentes, com o uso de vídeos e gráficos, além da incorporação óbvia das ferramentas de interação.

*Convergência a três (papel + online + TV)*

É um modelo de convergência que cresceu muito nos últimos anos com a popularização da internet de banda larga e com a "democratização" dos dispositivos móveis com acesso 3G e 4G (democratização entre aspas porque é mais uma comercialização em larga escala, do que efetiva socialização de acesso aos aparelhos e redes). No entanto, a convergência com a televisão é mais difícil do que a realizada entre jornal e portal, uma vez que a TV "prima pelo entretenimento sobre a informação, a imagem sobre a palavra, o impacto sobre a reflexão" (SALAVERRÍA; NEGREDO, 2008, p. 128, tradução minha). Além disso, é difícil transpor à web a agilidade e o estilo informal que se impõe nos informativos do meio televisivo, como visto no Capítulo I, sem perder contexto ou as referências temporais.

*Convergência a quatro (papel + online + TV + rádio)*

É o modo mais complexo, mas também o que mais abre possibilidades com a convergência de mídias. Dado o trabalho específico que cada meio requer, dificilmente um mesmo redator ou repórter trabalhará simultaneamente para os quatro veículos, porém mais profissionais podem atuar em conjunto. A vantagem de ter uma rádio dentro de uma estrutura convergente é a imediatez e a agilidade, que em muitos casos supera os portais mais bem estruturados de *hard news*. Além disso, a inserção de *podcasts* com debates e apresentações sobre temas complexos tem se revelado uma estratégia potente em tempos de múltiplas telas e tarefas, já que "libera" a visão para outras atividades simultâneas.

**[Justaposição, integração e repetição]**

Embora destaque que integração é uma palavra utilizada de forma errônea para determinar a convergência de mídias como um todo, Salaverría (2005) lança o termo para definir o produto final do processo convergente. Dessa forma, o espanhol define por integração a publicação, em um mesmo meio (plataforma), de conteúdos originados em outros meios que se complementem e abordem um mesmo assunto/tema, oferecendo novas potencialidades e caminhos de leitura e interpretação aos interagentes.

No entanto, como reforça Ziller (2011), Salaverría também define outras duas formas de convergência dos conteúdos: a justaposição e a repetição. "Salaverría (2005) classifica a convergência de conteúdo multimídia naquela feita por justaposição, como no caso das TVs que incluem, no rodapé das imagens, uma linha de texto com notícias que não se relacionam àquela tratada no vídeo" (ZILLER, 2011, p. 15).

Por repetição, Salaverría (2005) entende a publicação de conteúdos com informações semelhantes, que não se completam, simulando uma falsa convergência que acaba por se tornar cansativa ao interagente, contrariando o objetivo inicial de oferecer um conteúdo mais completo, com maiores possibilidades de leitura e interpretação. Tal característica, segundo Ziller (2011), reforça o pensamento de que "do ponto de vista da recepção, há certa unanimidade em defender que a incorporação de conteúdos multimídia na web, em particular dos vídeos, não pode ser regida pela mera justaposição de conteúdos" (MASSIP *et al.*, 2010, p. 572 *in* ZILLER, 2011, p. 15).

**[Estudos de Jenkins e herança de McLuhan]**

Dentro de praticamente todos os debates sobre convergência de mídias, o pesquisador Henry Jenkins tem sido a principal referência para delinear um conceito que permita analisar o processo a partir de diferentes caminhos. Lemos (2009) destaca que a obra do estadunidense, sobretudo o livro "Cultura da Convergência" (2009), tem dado luz às pesquisas principalmente por causa da abordagem que traz sobre o "tripé": convergência midiática, inteligência coletiva e cultura participativa. Tais discussões fundamentam-se a partir de outras três noções trazidas pelo autor e de igual importância:

- A análise da convergência midiática como processo cultural e não tecnológico;
- O modelo de narrativa transmidiática como referência para a implementação do processo;
- O foco na economia afetiva permitindo inferências de caminhos dentro da convergência.

Entre essas discussões, surge como maior interesse para esta obra, que aborda prioritariamente o produto jornalístico dentro da convergência de mídias, o modelo de narrativa transmidiática. Há, ainda, uma quarta noção, presente na Introdução deste livro, que parece indispensável e deve ser acrescentada ao tripé apresentado por Lemos: trata-se do conceito de "paradigma da convergência", utilizado por Jenkins para justificar sua obra e um dos principais trunfos em relação a outros teóricos, como Salaverría, por exemplo.

> Se o paradigma da revolução digital presumia que as novas mídias substituiriam as antigas, o emergente paradigma da convergência presume que novas e antigas mídias irão interagir de formas cada vez mais complexas. O paradigma da revolução digital alegava que os novos meios de comunicação digital mudariam tudo. Após o estouro da bolha pontocom, a tendência foi imaginar que as novas mídias não haviam mudado nada (JENKINS, 2009, p. 32).

**[A teoria de Marshall McLuhan]**

Antes de abordar de forma mais profunda as discussões de Henry Jenkins e seu conceito de narrativa transmidiática, é fundamental beber da mesma fonte que o autor para compreender alguns dos principais conceitos que norteiam seu trabalho.

Embora o próprio Jenkins cite o cientista Ithiel de Sola Pool (1917 – 1984) como o verdadeiro profeta da convergência, é o professor canadense Marshall McLuhan (1911 – 1980), reconhecido como profeta da revolução digital, que inspira o pensamento do pesquisador com as ideias de inteligência coletiva e aldeia global. É dele que o colega estadunidense extrai a essência que fundamenta a obra Cultura da Convergência.

Em 1962, com o livro *"The Gutenberg Galaxy: the making of typographic man"*, o até então pouco conhecido professor Marshall McLuhan traz o conceito de "aldeia global" (extremamente próximo da definição de globalização) para os meios de comunicação, provocando calorosos debates e a ira dos críticos, sobretudo nos Estados Unidos, onde o livro foi publicado e distribuído em larga escala.

Os debates e, sobretudo, as críticas, acontecem porque o autor prega na obra que o crescente desenvolvimento dos meios eletrônicos de comunicação – principalmente a TV, exemplo mais contemporâneo à publicação da teoria – contribuiria para criar uma sociedade ligada em rede, eliminando as fronteiras geográficas e levando os indivíduos a compartilharem pautas e informações de maneira solidária, democrática. Em outras palavras, seria o fim do modelo "um para todos" na comunicação, tornando o globo uma grande aldeia em que todos poderiam se comunicar diretamente com todos, sem a necessidade de filtros e, de certa forma, promovendo a "retribalização" do planeta com o fim da era da escrita, apontada pelo autor como era da "destribalização" ou do individualismo.

A tese de McLuhan é a de que as mudanças nas relações humanas e na estrutura social que delas se origina são promovidas e condicionadas pela evolução dos meios de comunicação. Dada essa premissa, o canadense defendia estar diante de uma transformação tão radical como a que se registrou na idade paleolítica para a neolítica: a passagem da era mecânica para a era eletrônica, da era de instrumentos que apenas prolongavam as capacidades físicas (máquina de escrever) para a era em que os instrumentos (meios eletrônicos) prolongam o nosso sistema nervoso central.

É o pesquisador brasileiro Luiz Beltrão que, em artigo de 1968, resume as críticas e contribuições do trabalho de McLuhan:

> Negado por uns, para os quais depois de resistir às seduções da "Noiva Mecânica" (a tipografia) deixou-se apaixonar pelas "perversidades da sua progênie eletrônica", esquecendo a moral em favor da técnica, a sua obra, contudo, é reconhecida por outros como a de um realista, um autêntico filósofo da nova era, um restaurador até da verdadeira cultura que a revolução tipográfica liquidara (BELTRÃO, 1968, n.p.).

Em 1967, com a obra "*The medium is the massage: an inventory of effects*", Marshall McLuhan explica o ponto central de sua teoria, sem conseguir, contudo, abrandar o furor que trouxe ao sentenciar o fim da mídia impressa e dos modelos comunicacionais pregados ao longo de décadas pelos seus contemporâneos e antecessores. Na nova publicação, em coautoria com Quentin Fiore, McLuhan trata o título da obra como sua tese central, ou seja, que o meio é a mensagem. Em outras palavras, o teórico destaca que o meio de comunicação, geralmente associado ao canal mecânico responsável por transmitir a mensagem, de fato, é um dos elementos decisivos no jogo comunicacional e molda os conteúdos.

Embora o usual seja pensar o meio como mero local de transmissão da mensagem, McLuhan lembra que uma mensagem proferida oralmente ou por escrito, transmitida pelo rádio ou pela televisão, coloca em jogo diferentes estruturas perceptivas, podendo adquirir diferentes significados. Assim, ele defende que o meio não apenas constitui a forma comunicativa, mas determina o próprio conteúdo da comunicação, sendo os eletrônicos responsáveis por transformar esse conteúdo e toda a lógica de comunicação dentro da esfera pública.

*Coro a McLuhan*

Citando Walter Benjamin (1982 – 1940), um dos marcantes teóricos da Escola de Frankfurt, Regina Zilberman (2006) lembra no artigo "Memória entre oralidade e escrita" distinções importantes nas narrativas orais e escritas, fazendo, de certa forma, coro a McLuhan. Para Zilberman (2006), enquanto a oralidade presume a presença de uma audiência coletiva, a escrita aparece como produto de um indivíduo solitário que escreve para um leitor não identificado e igualmente isolado de todos, retomando, em certo ponto, a ideia de "destribalização".

**[Aldeia ou teia global?]**

De certa maneira, as críticas dos contemporâneos de McLuhan à sua teoria se justificam temporalmente, uma vez que a revolução pregada pelo autor era inviável com a tecnologia oferecida na época, com notável expansão da televisão e o fortalecimento dos rádios. Contudo, tem sido comum uma "retratação acadêmica", por assim dizer, com o pesquisador, uma vez que suas teorias ganham vida nova e ilustram – em muitos casos com perfeição – o modelo global de comunicação e interação que surge com a *WWW*, sobretudo com o estouro da bolha da Web 2.0.

Embora Jenkins seja o "seguidor" – ainda que essa "paternidade" não seja tão direta – de maior sucesso de McLuhan dentro das pesquisas em convergência de mídias e comunicação, ele não é o único e o conceito de aldeia global segue a cada dia ganhando novas teorias aliadas, o que, de certa forma, leva à "utilização indiscriminada" e, em alguns casos, equivocada dos pensamentos do teórico. Quem chama a atenção para o fato é o pesquisador brasileiro Vinícius Andrade Pereira (2011).

Em "Entendendo McLuhan: da aldeia à teia global", Pereira (2011) lembra que para que o planeta, de fato, funcionasse como uma aldeia global, todos teriam que comungar de uma mesma fonte de informações, o que é improvável com a atual segmentação da internet. Dessa forma, para aplicar a teoria do canadense aos dias atuais, o autor brasileiro defende o conceito de teia global. Segundo ele, uma teia pode conectar alguns ou até todas as pessoas, mas não obriga ninguém a buscar, comentar ou transmitir os mesmos assuntos.

**[Teoria de Henry Jenkins]**

Embora olhem por ângulos opostos para o tema, os pesquisadores Henry Jenkins e Ramón Salaverría concordam que antes de ser qualquer coisa, convergência de mídias "não é uma coisa só". Jenkins lembra que "convergência é uma palavra que consegue definir transformações tecnológicas, mercadológicas, culturais e sociais, dependendo de quem está falando" (2009, p. 29). No entanto, a grande marca da teoria do estadunidense – que, como visto no tópico anterior, se baseia nos pensamentos de McLuhan – é abordar o processo de convergência prioritariamente pelo aspecto cultural, o que acabou tornando sua obra um livro de cabeceira para os principais produtores culturais da grande mídia.

> Meu argumento aqui será contra a ideia de que a convergência deve ser compreendida principalmente como um processo tecnológico que une múltiplas funções dentro dos mesmos aparelhos. Em vez disso, a convergência representa uma transformação cultural, à medida que consumidores são incentivados a procurar novas informações e fazer conexões em meio a conteúdos de mídia dispersos (JENKINS, 2009, p. 30).

No entanto, observar a convergência de mídias como um processo prioritariamente cultural parece estranho do ponto de vista jornalístico e é esse o principal ponto que levou a pesquisa que antecedeu este livro, inicialmente planejada integralmente à luz da Jenkins, a buscar "socorro" em Ramón Salaverría. Porém, ainda que deixando um pouco à margem o foco cultural do norte-americano, os demais conceitos de sua teoria seguem pertinentes a este ou qualquer trabalho sobre o tema, uma vez que o mesmo traz importantes contribuições ao aliar convergência com inteligência coletiva e cultura participativa, observando tal união pelo prisma do paradigma da convergência.

**[Paradigma da convergência]**

Como destacado no tópico que aborda os estudos de Marshall McLuhan, é no teórico canadense que encontramos as bases para a discussão do paradigma da revolução digital, uma vez que o mesmo condena à extinção o jornal impresso com o surgimento da televisão.

Embora McLuhan tenha sido bastante criticado à época de publicação de suas teorias, sobretudo nos anos 60, tal paradigma externado pelo autor sobreviveu na última metade de século, ainda que na maioria das vezes de forma discreta, entre pesquisadores e jornalistas. Cada novidade ou evolução tecnológica em um meio de comunicação mais jovem foi encarada como a sentença final aos seus antecessores, ainda que todos continuassem a atuar juntos.

> Nos anos 1990, a retórica da revolução digital continha uma suposição implícita, às vezes explicita, de que os novos meios de comunicação eliminariam os antigos, que a Internet substituiria a radiodifusão e que tudo isso permitiria aos consumidores acessar mais facilmente o conteúdo que mais lhes interessasse (JENKINS, 2009, p. 32).

A proposta que Henry Jenkins traz com sua obra é quebrar esse temor velado que o paradigma da revolução digital leva às redações, principalmente através da difusão da ideia do paradigma da convergência. Enquanto a revolução digital prevê que um meio mais antigo sempre será extinto com o surgimento de uma nova forma de comunicação, o emergente paradigma da convergência prega que o nascimento de um novo meio obriga os demais a se reinventarem e interagirem com a novidade. "O estouro da bolha pontocom jogou água fria nessa conversa sobre revolução digital. Agora, a convergência surge como um importante ponto de referência" (JENKINS, 2009, p. 32).

Citando o trabalho de historiadores, Jenkins lembra que os velhos meios de comunicação nunca morrem, nem desaparecem necessariamente. "O que morre são apenas as ferramentas que usamos para acessar seu conteúdo – a fita cassete, a Betacam" (JENKINS, 2009, p. 41), ou seja, as tecnologias de distribuição.

**[Sistemas de distribuição x meios de comunicação]**

Para precisar a linha que separa as definições de meios de comunicação e tecnologias de distribuição, Henry Jenkins recorre à historiadora Lisa Gitelman e traz um modelo de mídia que divide os meios de comunicação em dois níveis: o primeiro aborda os meios como tecnologia que permite a comunicação; o segundo como um conjunto de protocolos e práticas sociais e culturais que crescem em torno desta tecnologia. Dessa forma, enquanto sistemas de distribuição são "apenas" tecnologias, os meios de comunicação são, também, sistemas culturais.

> Desde que o som gravado se tornou uma possibilidade, continuamos a desenvolver novos e aprimorados meios de gravação e reprodução do som. Palavras impressas não eliminaram as palavras faladas. O cinema não eliminou o teatro. A televisão não eliminou o rádio. Cada meio antigo foi forçado a conviver com os meios emergentes. É por isso que a convergência parece mais plausível como uma forma de entender os últimos dez anos de transformações dos meios de comunicação do que o velho paradigma da revolução digital. Os velhos

meios de comunicação não estão sendo substituídos. Mais propriamente, suas funções e status estão sendo transformados pela introdução de novas tecnologias (JENKINS, 2009, p. 42).

**[Cultura participativa e inteligência coletiva]**

Ao lançar seu conceito geral sobre cultura participativa, Henry Jenkins esbarra em outra discussão presente neste livro: a do papel dos interagentes. De fato, a definição do autor se aproxima muito do conceito proposto pelo brasileiro Alex Primo. Para Jenkins, a expressão cultura participativa contrasta com noções antigas de passividade dos espectadores, uma vez que não podemos mais falar de produtores e consumidores em instâncias tão separadas como antes. "Podemos agora considerá-los [produtores e consumidores] como participantes interagindo de acordo com um novo conjunto de regras, que nenhum de nós entende por completo" (JENKINS, 2009, p. 30).

No entanto, o autor reconhece dificuldades para que a participação se dê por igual e de forma democrática entre as partes, observando um resistente domínio do modelo anterior. Para Jenkins, parece óbvio que as corporações ainda exerçam poder maior que um indivíduo e que nem todos consumidores tenham a habilidade exigida para conseguir participar deste novo jogo comunicativo.

Ao citar as discussões sobre inteligência coletiva, Jenkins retoma, ainda que com moderação, as discussões de

Pierre Lévy (apresentadas na Introdução deste livro a partir da obra publicada pelo filósofo em parceria com André Lemos).

> A inteligência coletiva pode ser vista como uma fonte alternativa de poder midiático. Estamos aprendendo a usar esse poder em nossas interações diárias dentro da cultura da convergência. Neste momento, estamos usando esse poder coletivo principalmente para fins recreativos, mas em breve estaremos aplicando essas habilidades a propósitos "mais sérios" (JENKINS, 2009, p. 30).

**[O canivete suíço e a falácia da caixa-preta]**

Durante toda a sua obra, Jenkins insiste que a convergência de mídias, enquanto processo em construção, é comumente associada à evolução tecnológica. Para exemplificar, o autor lembra que encontrar um telefone que apenas faça ligações, cumprindo exclusivamente a função básica do aparelho, já é tarefa praticamente impossível. Isso porque, segundo o teórico, os telefones se tornaram o equivalente eletrônico do canivete suíço, funcionando como câmeras fotográficas e de vídeo, rádio, televisão e equipamento de acesso à internet.

Dentro dessa realidade, Henry Jenkins lança o conceito que chama de "falácia da caixa-preta". Segundo o teórico, mais cedo ou mais tarde, diz a falácia, "todos os conteúdos de mídia irão fluir por uma única caixa preta em nossa sala de estar (ou, no cenário dos celulares, através de caixas pretas que carregamos conosco para todo lugar)" (JENKINS, 2009, p. 42).

Para Jenkins, parte do que torna o conceito da caixa preta uma falácia é o fato de ele reduzir a transformação dos meios de comunicação a uma transformação tecnológica, desconsiderando os níveis culturais:

> A convergência de mídias é mais do que apenas uma mudança tecnológica. A convergência altera a relação entre tecnologias existentes, indústrias, mercados, gêneros e públicos. A convergência altera a lógica pela qual a indústria midiática opera e pela qual os consumidores processam a notícia e o entretenimento. Lembrem-se disto: a convergência refere-se a um processo, não a um ponto final. Não haverá uma caixa preta que controlará o fluxo midiático para dentro de nossas casas (JENKINS, 2009, p. 43).

O pesquisador lembra ainda que a "velha ideia da convergência" começa a ser superada, referindo-se, principalmente, ao pensamento de que todos os aparelhos iriam convergir em um único aparelho central. Hoje, ao contrário, o que se vê é o *hardware* divergindo enquanto o conteúdo converge. Isso ocorre, entre outros motivos, pelo fato de, dependendo de onde estamos (escola, casa, trabalho), apresentarmos necessidades diferentes ao acessar os conteúdos. Assim, ao mesmo tempo, surgem aparelhos que tentam se especializar a cada situação e aparelhos genéricos, como o telefone "canivete suíço", que buscam atender nossas necessidades "básicas" durante todo o tempo.

**[Consumidores dentro da convergência de mídias]**

No artigo "Integração, complementaridade e justaposição: o aproveitamento da convergência multimídia em portais e blogs", Joana Ziller recorre a Silva Júnior (2011) para lembrar que as discussões sobre convergência no jornalismo aludem "a um processo de integração, interdependência e complementaridade a partir de modelos de comunicação tradicionalmente separados" (SILVA JÚNIOR, 2011, p. 32 *in* ZILLER, 2011, p. 5). Observando esse conceito, Ziller lembra que "os aspectos mais visíveis da convergência, como a integração de modelos e formatos tradicionais, incidem de maneira bastante diversificada tanto na atividade jornalística em si, quanto em sua relação com os públicos" (ZILLER, 2011, p. 5). Dessa forma podemos inferir que quem "consome" o material convergente também atua de forma decisiva nesse jogo comunicacional.

Conforme destacado no Capítulo I, principalmente à luz das discussões de Lemos, Lévy e Assange, o atual cenário pós-massivo dos meios de comunicação coloca o consumidor da informação, antes mero receptor, como protagonista e coautor e/ou autor significativo no processo comunicativo, pressionando verdades que imperaram durante toda uma era da mídia, como reforça Jenkins. No entanto, sempre há os dois lados da moeda. "Alguns veem um mundo sem *gatekeepers*, outros um mundo onde os *gatekeepers* têm um poder sem precedentes" (JENKINS, 2009, p. 46).

Jenkins cita o exemplo da função de *gatekeeper* para ilustrar o temor que se cria com os novos papeis que são distribuídos no jogo comunicativo. Enquanto uns preveem que os meios de comunicação escaparão ao controle dos grupos dominantes (Lemos, Lévy), outros temem que sejam controlados demais (Assange). Mas, o teórico estadunidense tenta nos tranquilizar: "Mais uma vez, a verdade está no meio-termo" (JENKINS, 2009, p. 46).

Fato é que a convergência é tanto um processo coorporativo como um processo do interagente. Jenkins alerta que, assim como as empresas, os interagentes têm se especializado em trocar informações neste novo cenário midiático que a Web 2.0 abre, criando profundas expectativas em torno de um fluxo mais livre de ideias e conteúdos.

> Se os antigos consumidores eram tidos como passivos, os novos consumidores são ativos. Se os antigos consumidores eram previsíveis e ficavam onde mandavam que ficassem, os novos consumidores são migratórios, demonstrando uma declinante lealdade a redes ou aos meios de comunicação. Se os antigos consumidores eram indivíduos isolados, os novos consumidores são mais conectados socialmente. Se o trabalho de consumidores de mídia já foi silencioso e invisível, os novos consumidores são agora barulhentos e públicos (JENKINS, 2009, p. 47).

O novo papel desses consumidores [e a tentativa dos grandes grupos de comunicação de conviverem com as novas formas de inteligência coletiva e cultura participativa] é exemplificado por Jenkins com os *spoilers* do *reality show* americano *Surviver* e com os conflitos entres interagentes e produtores nas sequências de Star Wars e Harry Potter. Em ambos os casos, os interagentes interferem no contexto do produto cultural oferecido, uma vez que antecipam ou modificam seu conteúdo colocando a narrativa/estória em caminhos não planejados pelos produtores.

**[Narrativa transmídia ou transmidiática: storytelling]**

Dentro de todos ricos debates e exemplos que Henry Jenkins traz, o que surge com maior pertinência para que seja observada a convergência de mídias presente no jornalismo é o conceito de narrativa transmídia ou transmidiática. Segundo o autor, tal narrativa surgiu como resposta à convergência das mídias e prevê uma estética que faz novas exigências aos consumidores, dependendo de sua participação em comunidades de conhecimento. Em outras palavras, "a narrativa transmídia é a arte da criação em um universo" (JENKINS, 2009, p. 49).

Vicente Gosciola (2011) lembra que "a narrativa transmídia, mais que um conceito, é um processo verificado em algumas áreas da comunicação, seja no entretenimento, no jornalismo, no meio corporativo e até mesmo na área da educação" (GOSCIOLA, 2011, p. 3).

No entanto, o próprio Jenkins (2009) reconhece que a narrativa transmídia só pode ser aproveitada ao máximo com acesso dos interagentes às novas tecnologias da informação e com o domínio de determinadas habilidades que permitam participar plenamente das novas culturas de conhecimento.

Partindo desse princípio, Jenkins traz a franquia *Matrix* como um dos melhores e dos piores exemplos do que chama de narrativa transmídia, uma vez que, para muitos, as irmãs Wachowski, que escreveram e dirigiram a sequência de filmes, teriam forçado a nova narrativa além do ponto onde a maioria do público estava preparada para ir, fragmentando exageradamente trechos da história.

*Matrix*

Com referências claras ao Mito da Caverna, de Platão, *Matrix* é uma sequência de filmes que exigiu habilidades que, até seu lançamento, eram irrelevantes ao público que comparecia aos cinemas. Isso porque, para entender e aproveitar a obra por completo, em sua máxima potencialidade, além de dominar múltiplos conhecimentos – como filosofia, um pouco de linguagem de programação e sistemas de informação

–, os consumidores precisaram passear por diferentes mídias, jogando games, lendo quadrinhos, participando de listas de discussão na web e fazendo o *download* de curtas de animação.

Jenkins elogia a iniciativa das irmãs Wachowski e destaca que elas "jogaram o jogo transmídia muito bem" (JENKINS, 2009, p. 137). Isso porque, na visão do autor, a obra configura o entretenimento esperado na era da convergência, integrando múltiplos textos para criar uma narrativa ampla, que não pode ser mais contida em uma única mídia.

Citando Pierre Lévy, Jenkins lembra que *Matrix* também é entretenimento para a era da inteligência coletiva, uma vez que para interpretar e compreender toda a lógica do filme é preciso construir em conjunto, através das pistas e discussões oferecidas na web, o conhecimento e interpretação da obra. "Os espectadores aproveitam ainda mais a experiência quando comparam observações e compartilham recursos do que quando tentam seguir sozinhos" (JENKINS, 2009, p. 138).

No entanto, embora atendam o conceito de narrativa transmídia e inovem com o filme, ao fragmentar a obra em diversas mídias, as autoras de *Matrix* receberam diversas críticas. Segundo Henry Jenkins, as principais investidas contra as irmãs Wachowski alegaram que a sequência não era suficiente autônoma, sendo quase desconexa; que os games dependiam demais dos filmes, oferecendo poucas experiências novas; e que as teorias dos fãs eram mais ricas que as proporcionadas pela tela.

Porém, o próprio Jenkins lembra que ainda não existem critérios estéticos bem definidos para avaliar uma narrativa que transite por múltiplas mídias, sendo que poucas franquias alcançaram todo potencial estético da narrativa transmídia (hoje, pensando no cinema como ponto central da narrativa, talvez possamos apontar para os universos convergentes da Marvel como o maior case de sucesso). Assim, nas palavras do autor, "*Matrix* foi uma experiência fracassada [do ponto de vista transmidiático, já que foi sucesso nas bilheterias], um fracasso interessante, mas suas falhas não diminuem o significado do que se tentou realizar" (JENKINS, 2009, p.139).

**[Conceito de transmídia e aplicação no jornalismo]**

Dado o exemplo de *Matrix* e toda a discussão que Jenkins traz sobre o filme, o autor nos lança o conceito de narrativa transmídia:

> Uma história transmídia se desenrola através de múltiplas plataformas de mídia, com cada novo texto contribuindo de maneira distinta e valiosa para o todo. Na forma ideal de narrativa transmídia, cada meio faz o que faz de melhor – a fim de que uma história possa ser introduzida num filme, ser expandida pela televisão, romance e quadrinhos; seu universo pode ser explorado em games ou experimentado como atração de um

> parque de diversões. Cada acesso à franquia deve ser autônomo, para que não seja necessário ver o filme para gostar do game, e vice-versa. Cada produto determinado é um ponto de acesso à franquia como um todo. A compreensão obtida por meio de diversas mídias sustenta uma profundidade de experiência que motiva mais consumo (JENKINS, 2009, p. 138).

Tal definição detalhada de Jenkins pode ser aplicada tanto na ficção como no jornalismo, uma vez que a reportagem nada mais é do que uma história de interesse público que estava oculta e é trazida à luz através do relato e olhar de diversos personagens. Sendo assim, a mesma ponderação – que motivou tantas críticas à obra *Matrix* – cabe ao conteúdo convergente no jornalismo: cada ponto de acesso deve ser autônomo e cada um deles deve garantir acesso aos demais. Ou, nas palavras de Gosciola, "a narrativa transmídia é voltada à articulação entre narrativas complementares e ligada por uma narrativa preponderante, sendo que cada uma das complementares é veiculada pela plataforma que melhor potencializa suas características expressivas" (GOSCIOLA, 2011, p. 9).

**[Por que não cross-media ou multimidialidade?]**

Existe uma confusão muito comum nas definições de *cross-media*, multimidialidade e narrativa transmídia, sendo os termos, na maioria dos casos, utilizados erroneamente para definir uma única coisa, já que eles possuem diferenças fundamentais desde a concepção.

O conceito de transmídia foi lançado pela primeira vez por Henry Jenkins em 2001, em artigo do MIT (*Massachusetts Institute of Technology*), e, como visto no tópico anterior, é utilizado para definir uma narrativa contada por diversas mídias. Já a definição de *cross-media* (mídia cruzada) é um conceito anterior, nascido na década de 90, dentro da publicidade, e se refere mais ao cruzamento de plataformas (meios e suportes) do que das narrativas. Já multimidialidade, como detalhado anteriormente neste livro, se refere à combinação de diferentes linguagens dentro de uma mesma mídia.

Em artigo publicado no Observatório da Imprensa, Carlos Castilho (2011) lembra que *cross-media* é um conceito mais dinâmico porque se vincula especificamente ao processo de transição de uma mídia para outra. Organizando essas ideias, temos:

- *Cross-media*: cruzamento de meios e plataformas através da convergência de mídias (se refere mais ao suporte);
- Multimidialidade: linguagens de várias mídias combinadas dentro de um único meio de comunicação;

- Transmídia: uma mesma narrativa contada por diversas mídias que se completam, mas são autônomas.

É a partir desses conceitos e da discussão sobre convergência de mídias e, ainda, dos debates sobre hipertextualidade e Web 2.0 presentes no Capítulo I, que este livro propõe, no próximo capítulo, um modelo metodológico próprio, seja para analisar, seja para desenvolver uma narrativa efetivamente convergente.

# Capítulo III_
## *...modelo metodológico para a convergência infinita.*

A partir da revisão/discussão da literatura científica apresentada na Introdução e nos capítulos I e II à qual você teve acesso neste livro (onde organizei e debati as principais definições e conceitos que buscam explicar o processo de convergência de mídias em suas múltiplas facetas), desenvolvi um modelo metodológico (ou, se preferir, apenas um "modelo") que almeja um duplo efeito: possibilitar a avaliação qualitativa dos diferentes objetos convergentes produzidos pelos *media* e – mirando um objetivo mais ambicioso – orientar a elaboração de novos projetos que, tomando a linguagem como centro das ações, busquem atingir a "convergência infinita" (doravante C.I.).

C.I. que, no final das contas, nada mais é do que a convergência perfeita que todos os teóricos estudados neste livro buscaram apontar através de seus conceitos, ou seja, a integração de conteúdos, plataformas e linguagens na qual o interagente navega naturalmente, livre de barreiras e filtros, onde percorre as múltiplas mídias e meios sem se deparar com signos repetidos, aproveitando ao máximo a experiência possibilitada por cada suporte e, ao fim, onde constrói um percurso único, uma vez que é ator central desse caminho hipertextual.

"Ah, então não é infinita!?" Ora, obviamente, o termo infinito não diz respeito à imposição de um roteiro sem fim, arquitetado em *loop*, ao interagente, mas à capacidade que seu roteiro tem, dentro do percurso convergente, de fomentar no interagente, ao fim da jornada, uma satisfação que o crie o desejo por novas trilhas formativas e informativas entre seus produtos (sejam eles jornalísticos ou não).

Para construir esse modelo, aproveitei em grande parte os processos e métodos de pesquisa aplicados pelos teóricos estudados no Capítulo I deste livro, como detalhado a seguir.

**[Análise qualitativa através do estudo de caso]**

Como destacado na Introdução, o modelo proposto é centrado no estudo de caso, buscando, principalmente, verificar ou articular o processo convergente desejado sob o prisma da linguagem. Destarte, vale ressaltar que o método do estudo de caso enquadra-se como uma abordagem qualitativa, sendo que a preferência por um caminho que privilegia os cases se justifica por três aspectos, a saber: i) a natureza de processo de convergência de mídias como um objeto em permanente "construção", ou seja, fenômeno em constante transformação a ser investigado; ii) o conhecimento que se pretende alcançar com a observação da narrativa jornalística na web (seja a partir da análise de cases testados ou pela elaboração de novas narrativas); e, por último, iii) a possibilidade de que novos estudos sejam realizados a partir da observação de cada caso em particular e da compreensão de seus erros e acertos.

Assim, embora tenha sido comum tratar, sobretudo nas pesquisas em estudos de linguagem e comunicação, a análise qualitativa como uma das vertentes possíveis dentro dos estudos de caso, é importante mencionar que a relação ocorre exatamente de forma contrária, como nos alerta Arilda Schmidt Godoy (1995), sendo o estudo de caso, ao lado da pesquisa etnográfica e da documental, uma das três possibilidades mais usuais de análise qualitativa. "O estudo de caso se caracteriza como um tipo de pesquisa cujo objeto é uma unidade que se analisa profundamente" (GODOY, 1995, p. 25).

Tomando as pesquisas acadêmicas, Godoy (1995) ressalta, ainda, que os trabalhos com abordagens qualitativas, principalmente através de estudos de caso, são identificados pelo "ambiente natural" como fonte direta de coleta, sendo a presença do pesquisador "instrumento" essencial à análise, por isso, atenção: a leitura prévia da discussão teórica realizada na primeira parte deste livro é imprescindível para a aplicação do modelo (seja para analisar ou construir um case).

Além disso, também são características marcantes nessas pesquisas/modelos o caráter descritivo e o enfoque indutivo dos resultados, o que permite uma evolução e um aprendizado constante a partir do relato das diferentes experiências, conforme destaca Maanen (1979):

> A expressão "pesquisa qualitativa" assume diferentes significados no campo das ciências sociais. Compreende um conjunto de diferentes técnicas interpretativas que visam a descrever e a decodificar os componentes de um sistema complexo de significados. Tem por objetivo traduzir e expressar o sentido dos fenômenos do mundo social; trata-se de reduzir a distância entre indicador e indicado, entre teoria e dados, entre contexto e ação (MAANEN, 1979, p. 520 *in* NEVES, 1996, n.p.).

Pensando assim, é possível compreender facilmente o porquê da análise qualitativa – através dos estudos de caso – ser uma metodologia extremamente pertinente quando considerada a natureza volátil dos processos comunicacionais e da internet. Em "Métodos de pesquisa para Internet", Fragoso *et al.* (2011) chamam a atenção para tal característica e a dificuldade que a constante transformação de conteúdos e versões de programas impõe à observação de objetos na rede:

> [...] um dos principais desafios para o estudo de internet é que ela não pode ser capturada por um quadro individual, uma vez que cada retrato acrescenta um quadro e fronteiras que não existem, já que a internet não pode ser contida. Esses retratos também acrescentam enfoques e proeminências a itens individuais, que não são universalmente dominantes. Os retratos ficam estagnados, mas a internet está em constante fluxo (FRAGOSO *et al.*, 2011, p. 33).

Dessa forma, as pesquisas sobre internet quase sempre se encontram limitadas pelo paradoxo de já nascerem desatualizadas e "engolidas" por uma sequência de quadros impossíveis de se capturar ou avaliar em sua totalidade. É disso que um modelo centrado nos estudos de caso (como o proposto neste capítulo) busca dar conta.

Como destacam Corrêa e Corrêa (2007), a observação/construção dos processos de convergência na web por meio de uma sucessão de estudos de caso (e, a partir deles, a aproximação entre teoria e prática), é a alternativa mais viável para atingir o resultado esperado. "Processos comunicacionais não são coisas fechadas em si mesmas, mas objeto de observação caso a caso" (CÔRREA; CÔRREA, 2007, p. 8).

Logo, para conseguir êxito na observação/prática pretendida a partir da pesquisa/ação, o primeiro passo fundamental é reconhecer que o seu case (estudado ou construído) é um pequeno link em um complexo conjunto hipertextual – metaforizando em tema que soa agradável –, ou, em outras palavras, entender as limitações que o método e a própria essência da web impõem, impedindo qualquer forma de generalização a partir do objeto examinado/desenvolvido e tornando extremamente necessária a contextualização recorrente do mesmo em um universo maior (afinal, o case de sucesso no contexto de hoje pode não ser o mesmo no contexto de amanhã). Ou seja: vou te passar uma receita de bolo, mas você deve sempre se atentar para as condições do seu forno porque o tempo para assar pode variar!

A não compreensão dessas limitações/condições externas, aliás, é um dos principais equívocos cometidos pelos pesquisadores ao adotarem o método de estudos de caso, como destaca Alves-Mazzotti:

> [...] temos observado que muitas pesquisas classificadas por seus autores como "estudos de caso" parecem desconsiderar o fato de que o conhecimento científico desenvolve-se por meio desse processo de construção coletiva. Ao não situar seu estudo na discussão acadêmica mais ampla, o pesquisador reduz a questão estudada ao recorte de sua própria pesquisa, restringindo a possibilidade de aplicação de suas conclusões a outros contextos e pouco contribuindo para o avanço do conhecimento e a construção de teorias. Tal atitude frequentemente resulta em estudos que só têm interesse para os que dele participaram, ficando à margem do debate acadêmico (ALVES-MAZZOTTI, 2006, p. 639).

Em outros termos, isso significa dizer que você precisa compreender o cenário onde o seu processo convergente (estudado ou experimentado) acontece: quais são os atores, os tópicos de debate na opinião pública naquele momento, quais ações semelhantes tiveram resultados positivos e negativos, qual o potencial de alcance da sua narrativa perante o contexto geral da comunidade... e por aí vai. É esse o primeiro passo para a implementação do modelo convergente infinito.

Foi por isso (e a partir disso) que, reconhecendo a limitação de qualquer trabalho dentro do atual conjunto de abordagens possíveis para se debater a convergência de mídias, a pesquisa que deu origem a este livro buscou contribuir não somente com a exposição de um dos "quadros" contemporâneos do tema (a partir dos estudos de caso realizados, relatados na Introdução), mas, principalmente, com a proposição de um modelo próprio que permitisse a realização de análises qualitativas e o desenvolvimento de projetos convergentes na área estudada.

Essa decisão (de criar um modelo para padronizar pesquisa e produção) partiu da constatação de Corrêa e Corrêa (2007) sobre a escassez de possibilidades metodológicas em estudos de convergência (o que foi verificado, também, durante a discussão teórica nos capítulos iniciais deste livro). Por isso, pareceu interessante elaborar e propor um novo quadro que permitisse a avaliação de múltiplos casos sobre os mesmos parâmetros de pesquisa, viabilizando, futuramente, uma aproximação entre diferentes análises e debates mais amplos, o que é, no mínimo, extremamente pertinente para validação do conhecimento.

> A validação do conhecimento pelos pares assumiu ainda maior importância após a derrocada de dois pilares do positivismo: o primado do método como garantia do rigor, que Adorno (1983, p.219) chama "obsessão metodológica"; e a crença na objetividade e racionalidade da ciência (ALVES-MAZZOTTI, 2006, p. 638).

Em outras palavras, o que se espera é o aprimoramento e o debate sobre o modelo que aqui é proposto para uma discussão mais ampla, a partir de diferentes enfoques, dentro das pesquisas e experiências de mercado em linguagem na convergência de mídias, uma vez que...

> [...] a abordagem qualitativa, enquanto exercício de pesquisa, não se apresenta como uma proposta rigidamente estruturada, ela permite que a imaginação e a criatividade levem os investigadores a propor trabalhos que explorem novos enfoques (GODOY, 1995, p. 27).

**[Modelo metodológico]**

Conforme supracitado, ainda que qualitativas, as pesquisas em convergência de mídias seguem com poucos modelos bem definidos e elaborados. Entre eles, destacam-se os apresentados por Ramón Salaverría e Xosé Lópes, utilizados durante os estudos de caso realizados em diferentes redações ao redor do globo. Aos modelos aplicados pelos espanhóis soma-se a rica contribuição trazida por Janaína Nunes (2009) em sua dissertação na Universidade Federal de Juiz de Fora (UFJF). Foi no cruzamento desses modelos que esta pesquisa encontrou as alternativas mais viáveis para a realização da análise inicialmente proposta e a elaboração de um modelo metodológico próprio em busca da C.I.

Nunes (2009), para viabilizar a análise em sua pesquisa, observou as manchetes do então "Globo *online*" em diferentes horários, avaliando a composição das reportagens com seus links, vídeos, galerias de fotos, infográficos e áudios para compreender a convergência. Depois de descrever cada link presente no texto, a pesquisadora avaliou diferentes aspectos em cinco categorias que eram pertinentes ao seu trabalho: hipertexto, multimídia, texto, interatividade e relação com o impresso.

No caso do modelo aqui desenvolvido, optou-se, inicialmente, por seguir uma base próxima ao que foi sugerido por Nunes, mudando, no entanto, as categorias de análise para temas que permitissem uma observação mais profunda, que fosse pertinente com os objetivos propostos. Assim, foi criado um quadro à luz dos estudos de López para "decupar" o material coletado, seja numa análise prévia (para projetos a serem implementados), seja numa análise posterior (no estudo de iniciativas convergentes). Este quadro (Quadro 4, página 129) é a primeira parte do modelo que te permitirá implementar uma narrativa convergente potencialmente "infinita", mas volto a te alertar: sem a leitura e a compreensão dos conceitos presentes nos dois primeiro capítulos desse livro, ele é apenas um quadro com pouca serventia.

Depois da realização de diferentes pilotos a partir de múltiplos portais de notícia, foi constatada a necessidade não apenas de ampliar esse quadro inicial, proposto a partir da experiência de Nunes, mas também de construir um esquema metodológico próprio para a análise, coerente com a arquitetura qualitativa pretendida.

Para criar o modelo, foram aproveitados os conceitos e debates que surgiram durante a revisão teórica, que serviu, dessa forma, não apenas como ferramenta para a análise qualitativa pretendida, mas como parâmetro para a elaboração do próprio processo metodológico.

Assim, partindo do princípio de que a narrativa presente na convergência de mídias é resultado do cruzamento das características dos veículos de origem de cada um dos conteúdos multimidiáticos compartilhados na web com a hipertextualidade e a interatividade (como ilustra e resume a

Figura 2, que ajuda a compreender o fluxo desejável aos signos convergentes), decidiu-se por dividir o modelo  proposto em dois momentos distintos: o descritivo/interpretativo e o compreensivo/comparativo. No primeiro estão ausentes os juízos de valor, enquanto no segundo são feitas as considerações e julgamentos frente às observações realizadas.

**IMPORTANTE!** Essa sequência vale tanto para o conteúdo convergente que é analisado como para um conteúdo/narrativa não publicado que se pretende organizar/arquitetar de forma convergente. É a partir dela que a C.I. se torna possível.

Para o primeiro momento (de decupar e organizar) foi mantido o Quadro 4, que permite sistematizar o material observado e/ou coletado/produzido, verificando as marcas das mídias de origem presentes e a atuação na narrativa dos principais conceitos abordados na revisão teórica sobre hipertextualidade, interatividade e convergência (no caso de uma narrativa convergente publicada que você está estudando, trata-se de uma análise mais objetiva a partir do *corpus* coletado; no caso da narrativa em desenvolvimento, trata-se de um exercício de planejamento que incute a reflexão sobre a forma como o seu produto – jornalístico ou não –, quando publicado, será percebido pelo interagentes).

**Figura 2. Associações entre características do conteúdo.**

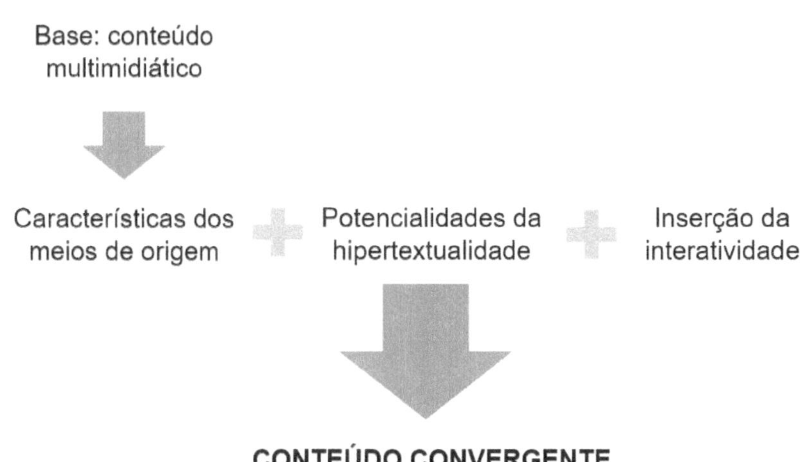


**Fonte:** Elaboração própria.

Depois da sistematização dos dados, com a análise inicial do conteúdo coletado e/ou a organização/inferência dos efeitos pretendidos, o segundo momento, também realizado a partir do modelo proposto, verifica o grau de convergência atingido e/ou almejado pela narrativa na tela, a fim de que, finalmente, possa se compreender e visualizar como atingir as condições ideais para a C.I. (ou algo próximo a ela) no seu case.

O modelo elaborado para a realização desta última etapa, também feito à luz das teorias de Jenkins e Salaverría, divide a convergência de mídias em quatro diferentes níveis, formando um ciclo ininterrupto (eis, ao fim, o modelo infinito!) de desejo por circulação das informações ao atingir o grau máximo, sendo esse o grande "pulo do gato"/diferencial deste modelo metodológico em busca da C.I., de modo que compreender esses níveis é um passo fundamental para, como anunciado, evitar que seu conteúdo se transforme em lixo virtual. Os passos básicos do modelo de convergência infinita (detalhado na Figura 3) são:

- **Nível I:** É o nível básico de convergência atingido por praticamente todo material multimidiático que é publicado na web, uma vez que a simples inserção desse conteúdo associada às características hipertextuais leva ao primeiro passo do processo e produz uma narrativa com novas potencialidades, dando pontapé inicial ao ciclo;

- **Nível II:** Ocorre quando as potencialidades da Web 2.0 são associadas ao conteúdo multimidiático e hipertextual, elevando o mesmo a um novo contexto, onde o interagente exerce, em algum grau, seu papel de coautor do conteúdo;

- **Nível III**: É a etapa em que deve imperar a alteração de propósito (*repurposing*). Só é possível quando as características dos níveis anteriores são associadas de forma inteligente pelos produtores, respeitando as peculiaridades do meio, no caso da narrativa num portal: a web. Acredita-se que nesse nível é possível verificar as pressupostas transformações ocorridas no discurso midiático;

- **Nível IV**: É o retorno à mídia de origem, ou, em outras palavras, a complementaridade (que não deve ser confundida com dependência) entre o conteúdo transposto (produzido) para a web com o oferecido nos meios tradicionais de origem. Esse nível ocorre quando o portal/site/aplicativo guia o interesse do interagente para a procura dos veículos de origem e aqueles devolvem a atenção à web e aos outros suportes, difundindo os caminhos entre si e retroalimentando o processo com uma convergência constante (perfeita ou "infinita" nos termos aqui adotados) de conteúdos multimidiáticos, hipertextuais e interativos, formando o tripé da C.I..

Assim, ao fim, antes de aplicar o modelo, a grande pergunta que fica (e deve ser feita) é: em qual desse níveis o seu conteúdo está ou vai estar? A ideia com o modelo infinito (apresentado na Figura 3) é permitir que ele figure sempre no Nível IV.

# Figura 3. Modelo de convergência infinita.

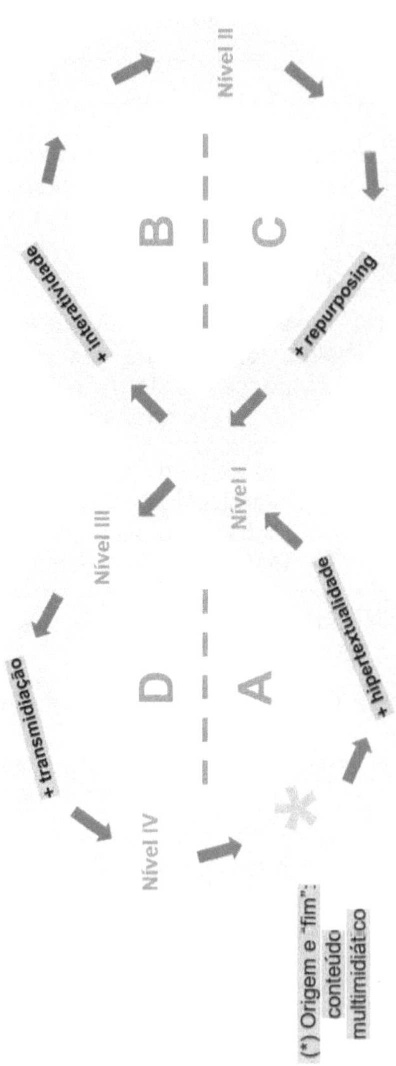


**Fonte:** Elaboração própria. Divisão das etapas de produção (A, B, C e D) que permitem a construção de uma narrativa convergente em diferentes níveis.

# Quadro 4. Quadro para análise de marcas convergentes da convergência em narrativas jornalísticas.

| Reportagem: | |
|---|---|
| Link: | |
| Origem: | **Reportagem foi elaborada...** pelo/para impresso, pela/para televisão ou pelo/para rádio? É notícia de agência? Ou foi elaborada pelo próprio veículo? No caso de uma pesquisa, para verificar a origem é preciso consultar, também, os veículos tradicionais. |
| Campo I (Chapéu, título e bigode) | **Se originada em outro veículo**, a notícia sofreu/sofrerá mudanças em seu título? Qual tipo de mudanças? Existe/existirá alguma referência ao conteúdo multimidiático? |
| Campo II (Corpo da narrativa) | **Estrutura do lead.** Sofreu/sofrerá alguma mudança? A notícia segue/seguirá a pirâmide invertida? Foi/será substituído por conteúdo multimidiático? Possui/possuirá elementos hipertextuais? |
| | **Elementos multimidiáticos.** São/serão utilizados? Quais deles? São/serão originados em outro veículo? |
| | **Elementos hipertextuais.** São/serão aplicados no corpo da reportagem? "Conversam" com outros veículos ou com conteúdos multimídia? O texto é/será linear ou tem marcas de não-linearidade? |
| | **Marcas textuais e *repurposing*.** Se originada em outro veículo, a reportagem conserva/terá características da linguagem? Ocorreram/ocorrerão modificações? Existem/permanecerão orações ou expressões características de outras mídias? |
| | **Repetição.** Elementos multimidiáticos se repetem? Atuam/atuarão completando um ao outro? "Conversam" com o texto? |

| | |
|---|---|
| | **Interatividade.** É/será condicionada alguma forma de interferência do leitor ao longo da reportagem? Espaço fica restrito aos comentários? |
| | ***Shovelware.*** Apresenta caracteres estranhos ou anomalias que indiquem shovelware? |
| | **Transmídia.** Se originada de outra mídia, houve/haverá alguma forma de referência entre as reportagens? Ocorreu/ocorrerá apenas a transposição do conteúdo ou foi/será agregado algum novo elemento? |
| Campo III (Sessão de comentários e redes sociais) | **Redes sociais.** Quais possibilidades são/serão oferecidas? É possível interagir, de fato, com a reportagem e com o texto? É possível atuar como coautor e exercer plenamente o papel de interagente? |

**Fonte:** Elaboração própria.

# Últimas considerações

Conforme defendi de forma insistente, o modelo convergente ao qual você teve acesso nas últimas páginas, quando utilizado sem o suporte da teoria e dos debates conceituais presentes nos capítulos iniciais, torna-se apenas uma figura "bonitinha" acompanhada de um quadro com pouca serventia. Assim como a metáfora do novo prédio da *newsroom*, que sem repórteres competentes e sem um projeto editorial qualificado não é nada além de tijolos empilhados e cimento, o fluxo narrativo da convergência infinita aqui proposto, quando despido de todo o debate científico que o sustenta, se torna apenas um signo que não representa nada para você. Algo como ler $C_3H_5N_3O_9$ numa manchete qualquer de jornal sobre a política brasileira. Ora, se você não teve contato com uma teoria mínima anterior que lhe permita compreender que esse amontoado de letras e números correspondem aos três átomos de carbono, cinco de hidrogênio, três de nitrogênio e nove de oxigênio que compõem a fórmula química da nitroglicerina, você certamente não conseguirá perceber a alusão ao caráter potencialmente explosivo do cenário político naquele dado momento.

Em outras palavras, o que quero dizer é que o modelo para a convergência infinita não é apenas aquele sistematizado no Capítulo III, mas a totalidade deste livro. Assim, compreender a real dimensão das trilhas de uma leitura hipertextual (cada vez mais naturalizadas e, por isso e infelizmente, menos discutidas); das práticas coletivas de "escrita" e produção multimidiática nos diferentes suportes; e da reordenação dos canais e fluxos de produção de conteúdo através das redes sociais online se torna fundamental para construir sua narrativa convergente. Ou seja, para se falar numa convergência perfeita ainda é preciso começar pelo tripé mais básico que a sustenta: hipertexto, multimidialidade, interação.

Obviamente este livro-modelo não é uma receita de bolo eterna. Ele certamente pode e deve ser aprimorado. A ideia com esta obra é justamente oferecer um padrão para esse aprimoramento. Assim, ao fim, a ideia ainda é propor a experimentação, mas uma experimentação organizada e qualificada. Afinal, a internet não pode ser o espaço do "vale tudo" (um amontoado de *fake news*, controvérsias e lixo virtual) como muitos defendem. Para se afastar disso, nada como começar pela sua própria experiência narrativa. Espero que modelo contribua nessa missão.

# Sobre o autor

**Emerson Campos Gonçalves** é Doutor em Educação (Ufes), Mestre em Estudos de Linguagens (Cefet-MG), Bacharel em Comunicação Social/Jornalismo (PUC Minas) e Licenciado em Letras/Português (Ifes/UAB). É pesquisador no Núcleo de Estudos e Pesquisa em Educação, Filosofia e Linguagens (Nepefil) da Universidade Federal do Espírito Santo (Ufes). Foi professor nos departamentos de Comunicação Social (DCS); Educação, Política e Sociedade (Deps); e Linguagens, Cultura e Educação (DLCE), todos na Ufes. É autor de diferentes artigos e capítulos de livro sobre Jornalismo, Publicidade, Educação, Literatura e Filosofia. Como poeta, publicou "A morte do jornalista: causos poéticos" (Edição Independente, 2020). Em sua tese de doutorado inaugurou os debates sobre o conceito "jornalismo como antifilosofia".

**www.emersoncampos.com.br**

# Bibliografia


ALIPRANDI, D. C.; GONÇALVES, E. C. Convergência infinita entre interagentes e conteúdo: um modelo de análise para a narrativa transmidiática seriada. *Revista Sala 206*, n. 7. Vitória/ES: 2017.

ALVES-MAZZOTTI, A.J. Usos e Abusos dos Estudos de Caso. *Cadernos de Pesquisa*, v. 36. n. 129. Rio de Janeiro/RJ: 2006.

ASSANGE, J.; et al. *Cypherpunks*: liberdade e o futuro da internet. São Paulo/SP: Boitempo, 2013.

BARBEIRO, H.; LIMA, P. R. *Manual de Telejornalismo*: os segredos da notícia na TV. Rio de Janeiro/RJ: Campus, 2002.

BARBEIRO, H.; LIMA, P. R. *Manual de Radiojornalismo*: produção, ética e internet. Rio de Janeiro/RJ: Campus, 2003.

BARBOSA, S. Convergência jornalística em curso: as iniciativas para integração de redações no Brasil. In: RODRIGUES, C. (org.) *Jornalismo online*: modos de fazer. Rio de Janeiro/RJ: Sulina, 2009.

BELTRÃO, L. A Galáxia de Gutenberg e a de Marshall McLuhan. In: *Comunicações & Problemas*, 1968.

CASTELLS, M. A era da intercomunicação. *Le Monde Diplomatique*, 2006. Disponível online em: <https://diplomatique.org.br/a-era-da-intercomunicacao/>.

CASTILHO, C. O fim da hegemonia da pirâmide invertida. *Observatório da Imprensa*, 2013. Disponível online em: <http://www.observatoriodaimprensa.com.br/codigo-aberto/o-fim-da-hegemonia-da-piramide-invertida/>.

CHARTIER, R. *Os desafios da escrita*. São Paulo/SP: Unesp, 2002.

CRUZ, L. T. S. *Rota hipertextual baseada em tags*: discussão de processos de produção e leitura como sistemas complexos no contexto da Web Semântica. Dissertação apresentada ao Programa de Pós-Graduação em Estudos de Linguagens (CEFET-MG). Belo Horizonte/MG: 2015.

COUTINHO, I. Algumas considerações sobre as características do telejornalismo e os limites da TV como meio de informação. *1º Encontro Nacional de Pesquisadores em Jornalismo*. Brasília/DF: 2003.

CORRÊA, E. S.; CORRÊA, L. H. Convergência de mídias: primeiras contribuições para um modelo epistemológico e definição de metodologias de pesquisa. *5º Encontro Nacional de Pesquisadores em Jornalismo*. Aracaju/SE: 2007.

COVRE, A. Reemergência do sujeito nas mídias sociais da web 2.0 e a consequente transformação da esfera jornalística. In: RIBEIRO, A. E.; et al. *Leitura e escrita em movimento*. São Paulo/SP: Peirópolis, 2010.

D'ANDREA, C. TV + Twitter: reflexões sobre uma convergência emergente. In: SOSTER, D. D. A.; JUNIOR, W. T. L. *Jornalismo digital*: audiovisual, convergência e colaboração. Santa Cruz do Sul/RS: Edunisc, 2011.

FRAGOSO, S.; RECUERO, R.; AMARAL, A. *Métodos de pesquisa para internet*. Porto Alegre/RS: Sulina, 2011.

GIL, A. C. *Métodos e Técnicas de Pesquisa Social*. 5ª ed. São Paulo/SP: Atlas, 1999.

GODOY, A. Introdução à pesquisa qualitativa e suas possibilidades. *Revista de Administração de Empresas*, v. 35, n. 2. São Paulo/SP: 1995.

GODOY, A. Pesquisa qualitativa: tipos fundamentais. *Revista de Administração de Empresas*, v. 35, n. 3. São Paulo/SP: 1995.

GONÇALVES, E. C. O (não) ensino da convergência de mídias como fomento à pesquisa. *14º Encontro Nacional de Professores de Jornalismo*. Uberlândia/MG: 2012.

GONÇALVES, E. C. *Convergência de mídias*: Uma análise da união de linguagens em notícias do Portal Uai. Dissertação apresentada ao Programa de Pós-Graduação em Estudos de Linguagens (CEFET-MG). Belo Horizonte/MG: 2013.

GONZAGA-PONTES, C. *Aguarde mais informações*: uma análise da webnotícia com base na releitura de estrutura da notícia de Teun van Dijk. Dissertação apresentada ao Programa de Pós-Graduação em Estudos de Linguagens (CEFET-MG). Belo Horizonte/MG: 2012.

GOSCIOLA, V. Narrativa Transmídia: a presença de sistemas de narrativas. *V Encontro Nacional de Hipertexto e Tecnologias Educacionais*. Sorocaba/SP: 2011.

JENKINS, H. Transmedia Storytelling. *Technology Review*, 2003.

JENKINS, H. *Cultura da Convergência*. São Paulo/SP: Aleph, 2009

LEMOS, A.; LÉVY, P. *O futuro da internet*: em direção a uma ciberdemocracia planetária. São Paulo/SP: Paulus, 2010.

LÉVY, P. *As tecnologias da inteligência*: o futuro do pensamento na era da informática. Rio de Janeiro/RJ: Editora 34, 1993.

LÉVY, P. *O que é virtual?* São Paulo/SP: Editora 34, 1996.

LÓPEZ, X. La participación en los diarios digitales: similitudes y diferencias. *6º Encontro Nacional de Pesquisadores em Jornalismo*. São Paulo/SP: 2008.

MARCUSCHI, L. A. Gêneros textuais emergentes no contexto da tecnologia digital. In: MARCUSCHI, L. A.; XAVIER, A. C. *Hipertexto e gêneros textuais*: novas formas de construção de sentido. Rio de Janeiro/RJ: Lucerna, 2005.

MARTINS, E. *Manual de Redação e Estilo*. O Estado de S. Paulo, 1990.

MASIP, A.; et al. Investigación internacional sobre ciberperiodismo: hipertexto, interactividad, multimedia y convergencia. *El profesional de la información*, v. 19, n. 6, 2010.

MCLUHAN, M. *A galáxia de Gutenberg*: a formação do homem tipográfico. São Paulo/SP: Nacional, 1972.

MOHERDAUI, L. *Diários Paulistanos na Web*. Biblioteca on-line de ciências da comunicação, 1999.

MOHERDAUI, L. *Guia de estilo web*: produção e edição de notícias on-line. São Paulo/SP: Senac, 2007.

MORETZSOHN, S. *Jornalismo em "tempo real"*: o fetiche da velocidade. Rio de Janeiro/RJ: Revan, 2002.

NEVES, J. L. Pesquisas qualitativas: características, usos e possibilidades. *Caderno de Pesquisas em Administração*. São Paulo. v.1, n. 3, 1996.

NUNES, J. *Do impresso à hipermídia*: reconfiguração do jornalismo na era da comunicação digital. Dissertação apresentada ao Programa de Pós-Graduação em Comunicação e Sociedade (UFJF), Juiz de Fora/MG, 2009.

PALÁCIOS, M.. Hipertexto, fechamento e o uso do conceito de não-linearidade discursiva. *Lugar Comum*, n. 8. Rio de Janeiro/RJ: 1999.

PALÁCIOS, M. Ruptura, continuidade e potencialização no jornalismo online: o lugar da memória. In: MACHADO, E.; PALÁCIOS, M. *Modelos de jornalismo digital*. Salvador/BA: Calandra, 2003.

PATERNOSTRO, V. I. *O texto na TV*. Rio de Janeiro/RJ: Elsevier, 2006.

PEREIRA, V. A. *Entendendo McLuhan*: da Aldeia à Teia Global. Porto Alegre/RS: Sulina, 2011.

PRIMO, A. Enfoques e desfoques no estudo da interação mediada. *Anais da Intercom*. Belo Horizonte/MG: 2003.

RIBEIRO, A. E. Leituras sobre hipertexto: trilhas para o pesquisador. *XI Simpósio Nacional de Letras e Linguística*. Uberlândia/MG: 2008.

RIBEIRO, A. E. Vannevar Bush e o Hipertexto: um exame de paternidade. *Informação & Sociedade*, v. 18, 2008.

RIBEIRO, A. E. Notas sobre o conceito de "transposição" e suas implicações para os estudos da leitura de jornais online. *Em Questão* (UFRGS), Porto Alegre/RS, v. 15, 2009.

RIBEIRO, A. E.; GONZAGA-PONTES, C. Ler e recarregar a página: um exercício analítico sobre a reescrita da webnotícia. *Revista Brasileira. de Linguística Aplicada*, Belo Horizonte/MG, v. 13, 2013.

RODRIGUES, C. Ainda em busca de definições para o jornalismo online. In: RODRIGUES, C. (org.) *Jornalismo online*: modos de fazer. Rio de Janeiro/RJ: Sulina, 2009.

SALAVERRÍA, R. *Redacción periodística en internet*. Pamplona/Espanha: EUNSA, 2005.

SALAVERRÍA, R. et al. *El impacto de internet en los medios de comunicación en España*. Comunicación Social Ediciones y Publicaciones: Sevilla/Espanha, 2005.

SALAVERRÍA, R.; NEGREDO, S. *Periodismo integrado*: convergencia de medios y reorganización de redacciones. Barcelona/Espanha: Sol 90, 2008.

TRAQUINA, N. *Teorias do Jornalismo*: porque as notícias são como são. Florianópolis/SC: Insular, 2004.

ZILBERMAN, R. Memória entre oralidade e escrita. *Letras de Hoje*, Porto Alegre/RS, v. 41, 2006.

ZILLER, J. Integração, complementaridade e justaposição: o aproveitamento da convergência multimídia em portais e blogs. *9º Encontro Nacional de Pesquisadores em Jornalismo*. Rio de Janeiro/RJ: 2011.

---

# Notas

[i] A primeira experiência com uma *newsroom* (redação) integrada aconteceu no ano 2000, na Flórida (EUA), quando passaram a compartilhar o mesmo edifício o portal *Tampa Bay Online*, o jornal impresso *The Tampa Tribune* e a rede de televisão *WFLA-TV* (SALAVERRÍA; NEGREDO, 2008).

[ii] Alex Primo (2003) propõe o termo "interagente" para substituir a comum definição de "usuário" (ou "receptor") que é dada aos consumidores da informação na Web 2.0. Para ele, é inadequado tratar esse público como quem apenas "usa" determinado conteúdo, uma vez que a era pós-massiva permite a interação e, até mesmo, intervenção na produção jornalística.

[iii] Apenas para efeito de ilustração, entre 2016 e 2019, sete diferentes trabalhos, entre teses e dissertações, foram defendidos trazendo o discurso jornalístico como *corpus* principal de investigação.

[iv] Visando implementar o projeto, os Diários Associados realizaram em 2008 seu primeiro (e único) curso de trainee para a formação de repórteres multimídia/convergentes. Fiz parte dos dez profissionais selecionados que participaram do curso. O projeto, contudo, começou a ser minado ainda na fase de execução, primeiro com a redução das vagas (inicialmente 20), depois com o fim da parceria com a instituição de ensino que permitiria aos DA certificar os participantes

com uma pós-graduação *lato sensu* e, ao fim, com o anúncio que "devido à crise financeira" os formandos não seriam contratados, mas chamados "de acordo com a necessidade da empresa nos anos seguintes", o que ocorreu parcialmente, sem qualquer sintonia com a proposta da ação.

[v] Lamentavelmente a rádio foi extinta durante o processo de edição deste livro, cedendo sua frequência a uma emissora evangélica.

[vi] Onda de protestos organizados pelas redes sociais na web que atingiu o Oriente Médio e o Norte da África a partir de dezembro de 2010. Entre os resultados, o levante levou à queda os governos do Egito, Líbia, Tunísia e Iêmen. Também ocorreram guerras civis em países como a Síria, Barein e Kuwait.

[vii] *WikiLeaks* é uma organização sem fins lucrativos que publica em sua página, construída através de um código próprio – que garante o anonimato das fontes –, documentos, fotos e informações confidenciais, vazadas de governos ou empresas, sobre assuntos que julguem pertinentes à sociedade, realizando a missão primordial do jornalismo de trazer à luz o que está obscuro e é de interesse público.

[viii] A palavra criptografia tem origem no termo grego para "escrita secreta" (kryptós, "escondido", e gráphein, "escrita") e designa a prática de se comunicar em código.

[ix] O termo refere-se à pessoa que toma uma decisão numa sequência de decisões, no caso, o jornalista. Na teoria do *gatekeeper*, o processo de produção da informação é concebido como uma série de escolhas onde o fluxo de notícias tem que passar por diversos *gates* (portões) que são áreas de escolha dos jornalistas envolvidos no processo comunicacional (TRAQUINA, 2004).

[x] Vale mencionar que é justamente esse o ponto que, quando consideramos a guinada extrema à direita constatada no globo nos últimos cinco anos, faz com que a "ciberdemocracia" proposta por Lemos e Lévy (2010) naufrague antes mesmo de navegar: as condições objetivas e subjetivas que levam ao totalitarismo e ao comportamento autoritário seguem vivas e a cadela do fascismo segue no cio.

[xi] Vazamento de registros oficiais diplomáticos dos Estados Unidos pela internet ou por "cabos" – *cables*, em inglês. O nome faz alusão ao escândalo do *Watergate*, que culminou com a renúncia do presidente Richard Nixon, em 1974, após denúncias de uma fonte oculta.

[xii] Vale registrar que as acusações contra Assange são frágeis, sendo que o principal processo contra ele, movido na Suécia, já foi extinto. Seus defensores atribuem sua perseguição a uma ação do serviço de inteligência dos Estados Unidos contra o *WikiLeaks*.

[xiii] O termo *cypherpunk* – derivação de *cipher* (escrita cifrada) e *punk* – foi incluído no *Oxford English Dictionary* em 2006. Em português pode ser traduzido para criptopunk.

[xiv] Imagino que o próprio Assange não esperava que, apenas três anos depois de sua fala, um golpe jurídico-midiático-parlamentar no Brasil, organizado com o apoio e a conivência dos Estados Unidos, validaria sua hipótese sobre a necessidade de buscar formas efetivas de defesa contra a empreitada imperialista e neoliberal na América Latina.

[xv] Teoria de Marshall McLuhan que prevê a redução do planeta à estrutura de uma aldeia, onde todos estariam ligados com todos e poderiam se comunicar diretamente. Quando lançada pelo filósofo canadense, a teoria buscava aporte nas possibilidades da televisão e foi muito criticada (PEREIRA, 2011). No contexto da Web 2.0, ganhou releitura amplamente aceita com Henry Jenkins.

[xvi] Ainda que em grau menor (se comparada à web), a concepção da TV Digital incorpora características do contexto pós-massivo, que permitem ao consumidor da informação interagir com a programação e administrar os dados recebidos de acordo com suas preferências.

[xvii] Gravação feita do repórter (sem nenhuma imagem para cobrir a locução) narrando um acontecimento. Normalmente é a técnica mais utilizada nas entradas ao vivo nos telejornais.

[xviii] Encontro de sílabas de palavras diferentes que forma sons desagradáveis ou palavras obscenas.

[xix] Nota de aula. PUC Minas, agosto de 2008.